틈만 나면 보고 싶은
**융합 과학 이야기**

에너지 낭비,
이제 그만!

틈만 나면 보고 싶은  융합 과학 이야기
# 에너지 낭비, 이제 그만!

**초판 1쇄 발행** 2015년 12월 25일
**초판 3쇄 발행** 2019년 6월 15일

**글** 오윤정 | **그림** 이지후 | **감수** 구본철

**펴낸이** 이욱상 | **창의1실장** 강희경 | **책임편집** 최지연
**표지 디자인** 목진성, 엄희영 | **디자인** 디자인끌레 | **본문 편집** 김익선, 구름돌(문주영, 이현경, 김홍비, 홍진영)
**사진 제공** 유로크레온, 두피디아 포토박스, PNAS

**펴낸곳** 동아출판㈜ | **주소** 서울시 영등포구 은행로 30 9층
**대표전화**(내용구입·교환 문의) 1644-0600 | **홈페이지** www.dongapublishing.com
**신고번호** 제300-1951-4호(1951. 9. 19.)

©2015 오윤정·동아출판

ISBN 978-89-00-38931-9 74400    978-89-00-37669-2 74400 (세트)

틈만 나면 보고 싶은
**융합 과학 이야기**

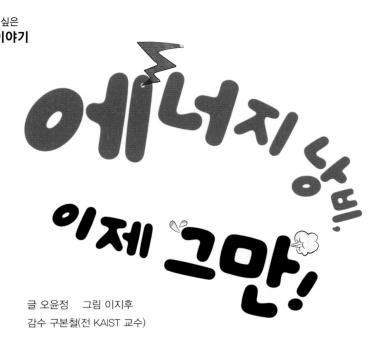

에너지 낭비,
이제 그만!

글 오윤정   그림 이지후
감수 구본철(전 KAIST 교수)

동아출판

# 미래 인재는 창의 융합 인재

이 책을 읽다 보니, 내가 어렸을 때 에디슨의 발명 이야기를 읽던 기억이 납니다. 그때 나는 에디슨이 달걀을 품은 이야기를 읽으면서 병아리를 부화시킬 수 있을 것 같다는 생각도 해 보았고, 에디슨이 발명한 축음기 사진을 보면서 멋진 공연을 하는 노래 요정들을 만나는 상상을 하기도 했습니다. 그러다가 직접 시계와 라디오를 분해하다 망가뜨려서 결국은 수리를 맡긴 일도 있었습니다.

지금 와서 생각해 보면 어린 시절의 경험과 생각들은 내 미래를 꿈꾸게 해 주었고, 지금의 나로 성장하게 해 주었습니다. 그래서 나는 어린 학생들을 만나면 행복한 것을 상상하고, 미래에 대한 꿈을 갖고, 꿈을 향해 열심히 도전하고, 상상한 미래를 꼭 실천해 보라고 이야기합니다.

어린이 여러분의 꿈은 무엇인가요? 여러분이 주인공이 될 미래는 어떤 세상일까요? 미래는 과학 기술이 더욱 발전해서 지금보다 더 편리하고 신기한 것도 많아지겠지만,

우리들이 함께 해결해야 할 문제들도 많아질 것입니다. 그래서 과학을 단순히 지식으로만 이해하는 것이 아니라, 세상을 아름답고 편리하게 만들기 위해 여러 관점에서 바라보고 창의적으로 접근하는 융합적인 사고가 중요합니다.
나는 여러분이 즐겁고 풍요로운 미래 세상을 열어 주는, 훌륭한 사람이 될 것이라고 믿습니다.

　　동아출판 〈틈만 나면 보고 싶은 융합 과학 이야기〉 시리즈는 그동안 과학을 설명하던 방식과 달리, 과학을 융합적으로 바라볼 수 있도록 구성되었습니다. 각 권은 생활 속 주제를 통해 과학(S), 기술공학(TE), 수학(M), 인문예술(A) 지식을 잘 이해하도록 도울 뿐만 아니라, 과학 원리가 우리 생활을 편리하게 해 주는 데 어떻게 활용되었는지도 잘 보여 줍니다. 나는 이 책을 읽는 어린이들이 풍부한 상상력과 창의적인 생각으로 미래 인재인 창의 융합 인재로 성장하리라는 것을 확신합니다.

전 카이스트 문화기술대학원 교수 구본철

# 에너지와 친환경 기술

몇 년 전 몽골에 간 적이 있습니다. 우리나라 정부와 기업, 환경 단체에서는 중국 정부를 도와서 중국 내몽골의 사막화 지역에 나무를 심고 있는데, 취재하며 글을 쓰기 위해 따라갔습니다.

몽골의 벌판은 바람만 불면 흙먼지가 날렸습니다. 모자, 마스크, 선글라스로 얼굴을 가렸지만 코와 입 안으로 미세한 흙먼지가 자꾸 들어왔습니다. 그런데 아직 풀이 돋아나 있는 땅과 여전히 푸른 하늘, 새까만 밤하늘은 눈물이 핑 돌 만큼 너무 아름다웠습니다.

몽골에서 저는 물의 소중함을 깨달았습니다. 등산용 컵에 반쯤 담은 물로 양치질을 하고, 작은 생수병에 든 물로 세수를 했지요. 밤에는 물휴지로 대충 얼굴과 손을 닦고 잤습니다. 물이 콸콸 나오는 욕실에서 목욕하고 찬물을 마시고 싶은 마음이 간절했지요.

물을 포함하여 지구가 품고 있는 모든 생명과 자원은 매우 소중합니다. 에너지도 그렇습니다. 화석 연료를 대체할 수 있는 에너지원이 개발되지 않은 상태에서 화석 연료가 동이 나면 어떻게 될까요? 전등의 불이 꺼지고 엘리베이터가 멈추고 자동차가 모두 멈추고 공장의 기계도 멈추어 버린 세계……. 또 지구 상의 모든 공기와 물과 흙이 오염된 세상…….

이 책에서는 에너지와 에너지원은 무엇인지 알아보고, 화석 연료를 낭비하면 어떤 위기를 맞는지 수치로 파악해 봅니다. 또한 화석 연료를 대체할 수 있는 재생 가능한 에너지는 무엇인지, 친환경 기술은 지금 어디까지 발전했는지, 친환경적인 삶은 어떤 삶인지, 세계의 대표적인 친환경 마을과 도시는 어디인지 차근차근 살펴봅니다.

에너지

**1**장 소중한 지구의 에너지를 찾아서
과학) 태양 에너지와 여러 가지 에너지원

**2**장 펑펑 쓰는 에너지, 끙끙 앓는 지구
수학) 지구 환경 오염, 에너지 효율

**3**장 반짝반짝 빛나는 친환경 방안들
기술공학) 재생 가능 에너지, 친환경 기술

**4**장 세계의 친환경 마을과 도시
인문예술) 에너지 절약 실천 마을

여러분이 이 책을 읽고 전등을 끄고, 수도꼭지를 잠그기 시작한다면, 자전거 타기와 걷기를 좋아하게 된다면, 책을 쓴 사람으로서 저는 대단히 기쁘고 영광스러울 것입니다. 우리 함께 지구 지키기를 실천해 볼까요?

오윤정

# 차례

## 1장 소중한 지구의 에너지를 찾아서

## 2장 펑펑 쓰는 에너지, 끙끙 앓는 지구

CONTENTS

# 반짝반짝 빛나는 **친환경** 방안들

# 세계의 **친환경 마을과 도시**

# 1장

소중한 지구의
에너지를 찾아서

## 갑자기 정전이 됐어

'탁' 하는 소리와 함께 갑자기 거실의 전등이 꺼졌어요.

'어, 전기가 나갔나?'

창밖을 보니 밖도 온통 깜깜해서 아무것도 보이지 않았어요. 모두 정전인 모양이에요. 호두는 엄마를 불렀지만 아무 대답도 들리지 않았어요.

'분명히 조금 전에 엄마가 부엌에 계셨는데…….'

호두는 휴대 전화의 불빛에 의지해 집 안을 천천히 돌아다녔어요. 그러나 아무도 보이지 않았어요.

'뭐, 뭐야? 나 혼자야?'

호두는 문득 무서운 생각이 들어 울음이 나올 것만 같았어요. 그 순간, **반짝하고** 작은 불빛이 비치더니 호두 앞에 한 여자아이가 고양이를 안고 나타났어요.

"너, 넌 누구니? 갑자기 어디서 나타났어?"

"안녕? 내 이름은 연두야. 나는 미래에서 왔어. 네가 에너지를 낭비하는 것을 보고만 있을 수 없어서 정전을 시키고 여기로 왔지."

호두는 머리가 어지러웠어요.

"뭐, 미래? 내가 에너지를 낭비해서 정전을 시키고 왔다고?"

"못 믿겠니? 그렇다면 나를 따라와. 왜 이런 일이 생겼는지 알려 줄게. 무니야, 우주선 준비해!"

"네, 주인님!"

로봇 고양이 무니가 공 같은 것을 던지자 우주선이 나타났어요.

# 에너지는 일을 할 수 있는 힘

"자, 이제부터 에너지 여행을 시작하자! 어서 타."

연두는 어리둥절해하는 호두를 우주선 안으로 데리고 들어갔어요. 호두가 타자마자 우주선은 붕 날아올랐어요. 호두는 너무 놀라 정신이 하나도 없는데 연두가 물었어요.

"호두, 너! 에너지가 뭔지 알아?"

"에, 에, 에너지는 힘이 아닐까? 에너지가 있어야 움직일 힘이 생기니까."

갑자기 떠나는 여행에 얼떨떨한 호두가 더듬거리며 대답했어요.

"에너지를 과학적으로 말하면 '일을 할 수 있는 능력'이야."

호두는 눈을 껌벅거렸어요. 연두의 '과학적'인 설명에 바짝 긴장이 되었어요. 과학은 호두가 정말 어려워하는 것이기 때문이에요.

"여기서 '일'은 어떤 물체에 힘을 주어 물체를 움직이게 하는 것이고. 쉽게 말하면 에너지는 '물체를 움직이거나 물체의 모양을 변하게 하는 등의 여러

어디로 가는 거야?

지금부터 지구 에너지의 근원을 찾아 가자!

14

가지 일을 할 수 있는 능력'이라고 할 수 있어."

연두는 **멍하니** 듣고 있는 호두를 보고는 한숨을 푹 쉬었어요.

"네가 세수를 하거나 공놀이를 할 때도, 걷거나 달릴 때도 에너지를 사용해. 강아지가 꼬리를 흔들 때, 자동차가 달릴 때, 선풍기 날개가 돌아갈 때도 에너지를 사용하지. 움직이는 모든 것은 에너지를 사용하고 있어."

호두는 연두가 '과학적'으로 말하는 에너지와 오늘 일어난 정전이 도대체 무슨 관계가 있는지 알지 못했어요. 호두는 용기를 내 말했어요.

"나 솔직히 네 설명을 잘 이해하지 못하겠어. 하지만 에너지가 그렇게 중요하다면, 내가 잘 이해할 수 있게 알려 줘."

연두는 호두의 배우겠다는 의지가 마음에 들어서 얼른 대답했어요.

"좋아!"

연두의 말에 호두가 멋쩍게 웃고 있을 때, 무늬가 끼어들었어요.

"당연하지. **똑똑한** 우리 주인님이 너에게 에너지에 대해서 친절하게 알려줄 거야."

주인님, 왜 에너지가 중요한지 알려 주세요.

# 지구를 먹여 살리는 태양 에너지

호두가 연두와 이야기를 나누고 있는 사이, 우주선은 지구 밖으로 나왔어요. 처음으로 우주에서 지구를 내려다보게 된 호두는 눈이 휘둥그레졌어요.

"우아! 지구다, 지구! 정말 푸르게 보이네. 정말 신기해."

호두가 들떠 소리치자 무니가 눈에서 **번쩍** 빛을 깜박이며 말했어요.

"호들갑 떨기는! 앞으로 더 신기한 걸 경험하게 될 거니까 기대해."

호두는 무니의 말에 살짝 기분이 상했어요. 연두는 친절했지만, 연두의 애완동물인 무니는 전혀 친절하지 않았어요. 호두와 무니가 서로 **찌릿** 눈빛을 마주하고 있는데 연두가 갑자기 우주선의 속도를 높이며 말했어요.

"호두야, 우리가 지금 어디로 가고 있는지 아니?"

선글라스를 쓰니 눈부신 게 한결 낫군.

지구가 조그맣게 보여.

지구의 생물들은 태양 에너지 덕분에 먹고 살아가.

"어? 여기는 우주인데, 난 우주는 처음이라……."

"에너지가 생기는 곳으로 갈 거야. 에너지가 어디서 생기는지 아니?"

"태양?"

호두가 자신 없이 중얼거렸어요.

"맞아! 자, 이걸 받아. 이제부터 태양 가까이로 갈 거니까."

연두가 캡슐처럼 생긴 우주복과 선글라스를 호두에게 내밀며 말했어요.

"태양 가까이 간다고? 엄청나게 뜨거울 것 같은데, 난 뜨거운 거 싫어."

"걱정 마! 캡슐 우주복이 뜨거운 걸 좀 막아 줄 거야."

호두는 연두의 말이 **미심쩍었지만**, 캡슐 우주복을 입고 따라나섰어요. 우주선 밖으로 나오자마자 호두가 입은 우주복이 마치 로켓처럼 빠른 속도로 태양 가까이로 **씽** 솟아올랐어요.

"으악! 눈부셔. 선글라스를 써야겠어."

호두가 선글라스를 쓰는 동안 연두가 말했어요.

"태양은 지구 생명의 근원이야. 태양이 1초 동안 만들어 내는 에너지의 양은 약 1,000조 개의 수소 폭탄이 동시에 터질 때 생기는 에너지와 같아. 정말 어마어마하지? 태양은 중심부의 온도가 약 1,500만 도, 표면 온도가 약 6,000도나 된다고 해."

태양 에너지가
식물에게 전달된다.

식물의 에너지가
초식 동물에게 전달된다.

초식 동물의 에너지가
육식 동물에게 전달된다.

"호두야, 태양 에너지는 지구에 어떤 형태로 오는지 아니?"

"과학적으로 말하면……, 눈부신 빛과 뜨거운 열?"

호두가 연두의 말투를 따라 하자 연두가 윙크를 하고는 말했어요.

"맞아. 태양 에너지는 빛과 열의 형태로 지구에 도달해. 태양의 빛 에너지는 풀이나 나무 같은 식물이 영양분을 만들어 생명을 유지하는 데 중요해. 이 식물을 토끼나 사슴 같은 초식 동물이 먹고 살지. 또 초식 동물은 고기를 먹고 사는 육식 동물의 먹이가 돼. 사람은 식물과 동물 모두에게서 음식물을 얻으며 살아가. 한마디로 태양의 빛 에너지가 없으면 식물은 살 수 없고, 식물이 없으면 동물도 먹이가 없어서 살 수 없어. 사람도 마찬가지이고."

호두는 먹을 것이 없어진다는 말에 갑자기 배가 **고파졌어요.**

"그리고 태양의 열에너지는 지구를 따뜻하게 해 줘서 지구의 모든 생명이 살게 해. 만약 태양이 열에너지를 보내 주지 않는다면 지구는 **꽁꽁** 얼어붙어 어떤 생명체도 살 수 없을 거야."

"태양 에너지가 없으면, 먹을 것이 없어 **쫄쫄** 굶고, 너무 추워서 꽁꽁 얼어 버린다는 거지? 으악, 상상만 해도 끔찍해!"

호두가 소리를 지르자 무니가 깜짝 놀라 안테나를 바짝 세웠어요.

"미안. 태양이 없는 걸 상상했더니 너무 **끔찍해서.**"

무니가 눈을 동그랗게 뜨더니 호두를 이상하다는 듯 빤히 쳐다보았어요.
연두가 무니를 안심시키며 말했어요.

"태양을 보니, 에너지가 뭔지 조금 알겠니? 이제부터는 태양 에너지 말고
도 다양한 에너지에 대해 이야기할 거야. 얼른 우주선으로 돌아가자."

연두는 호두의 손을 잡고 우주선으로 돌아가 지구를 향해 출발했어요.

## 에너지 피라미드

생물이 먹고 먹히는 관계를 피라미드 모양으로 그린 것을 '먹이 피라미드'라고
한다. 먹이 피라미드는 '에너지 피라미드'이기도 하다.

먹이 피라미드의 가장 아래에는 생산자가 있다. 생산자를 1차 소비자가 먹고,
1차 소비자를 2차 소비자가 먹으면서 위로 올라갈수록 개체 수가 줄어든다.
이것을 에너지 관점으로 보면 생산자의 에너지가 가장
많고, 위로 올라갈수록 에너지의 양이 줄어든다.
생산자에서 1차 소비자로 올라갈 때 에너지의 양
이 10분의 1로 줄고, 1차 소비자에서 2차 소비자
로 올라갈 때도 10분의 1로 준다. 에너지의 양
은 한 층씩 올라갈 때마다 10분의 1로 준다.
이것은 1차 소비자가 살아가려면 생산자
가 1차 소비자의 10배가 있어야 한다
는 뜻이다. 2차 소비자가 살아가기
위해서는 1차 소비자가 10배, 생
산자는 100배가 있어야 한다는
뜻이다.

# 반짝 빛 에너지, 따끈 열에너지

"어, 깜깜해. 지구에 돌아온 거 맞아?"

"여기는 너희 집이야."

"아무것도 보이지 않아서 몰랐어. 왜 이렇게 **깜깜**한 거야?"

"그건 과학적으로 말하면, 빛 에너지가 없기 때문이지."

무니가 어둠 속에서 눈을 빛내며 대답했어요. 연두의 애완동물인 무니가 연두처럼 과학적으로 말했어요.

"빛 에너지는 태양 에너지에서도 얻을 수 있고, 전기 에너지에서도 얻을 수 있어. 햇빛이 태양 에너지에서 얻는 빛 에너지이고, 전등이나 스탠드의 불빛이 전기에서 얻는 빛 에너지야. 빛은 주로 열과 함께 발생해. 햇빛이 강하면 온도가 올라가서 더워지는 것도 열 때문이야."

무니가 말을 마치자 연두가 곧바로 말했어요.

물체에 비치는 빛

물체의 표면에서 반사된 빛

빛이 물체에 부딪친 다음 그 빛이 반사되어 호두 네 눈에 들어가는 거야.

"열에너지는 열이 가지는 에너지로, 물질의 온도와 밀접한 관련이 있어. 물질의 온도가 높으면 열에너지가 많고, 온도가 낮으면 열에너지가 적어. 즉 뜨거운 물체일수록 더 많은 열에너지를 가지는 거야."

연두가 무니에게 눈짓하자 무니가 이어서 말했어요.

"열에너지는 온도가 높은 쪽에서 낮은 쪽으로 이동하는 성질이 있어. 호두야, 뜨거운 물에 얼음을 넣으면 어떻게 되는지 아니?"

"당연히 얼음이 금방 녹아서 물이 되지."

무니의 갑작스런 질문에 호두가 **시큰둥하게** 대답했어요. 무니가 자기를 깔보는 것 같아 자존심이 상했거든요.

"물과 얼음은 모두 열에너지를 갖고 있어. 열에너지는 물질의 상태를 변화시켜. 고체인 얼음에 열을 가하면 액체인 물이 되고, 물에 열을 가하면 기체인 수증기가 돼."

호두는 기분이 상해 무니의 설명이 귀에 들어오지 않았어요. 그때 연두가 눈을 **찡긋**하고 말했어요.

"무니가 날 따라다니면서 에너지 공부를 많이 했거든. 호두야, 열에너지는 우리 생활에서 많이 사용돼. 어디에 쓰이는지 아니?"

"알아. 난로와 보일러, 가스레인지를 쓸 때 열에너지가 사용돼."

연두가 호두의 대답에 미소를 짓자, 호두는 조금 기분이 풀리는 것 같았어요.

난로, 보일러 등 난방기구로 실내를 따뜻하게 할 때와 가스레인지 같은 조리 기구로 물을 끓이거나 음식을 익힐 때 열에너지가 사용된다.

# 불끈불끈 힘을 주는 화학 에너지

"아주 먼 우주에 가서 태양을 보고 와서 그런가? 배가 고파."

호두가 꼬르륵 소리가 나는 배를 쓰다듬으며, 기운 없이 말했어요.

"배가 고프다는 것은 '과학적으로' 몸속의 에너지가 떨어졌다는 뜻인데, 벌써 에너지를 다 썼다고?"

무니가 호두를 이해할 수 없다는 표정으로 쳐다봤어요.

"사람이나 동물은 음식을 먹어야 살 수 있어. 식물은 영양분이 있어야 자라고, 자동차는 연료를 넣어야 달리지. 무니는 전기를 채워야 움직이고. 어쨌든 음식 속의 에너지나 자동차 연료의 에너지는 어디서 오는 걸까?"

연두의 '과학적'인 물음에 호두는 눈만 껌벅거렸어요. 온통 배고프다는 생각뿐이었거든요. 그때 무니가 앞발로 호두의 다리를 툭툭 쳤어요.

빛 에너지

화학 에너지

식물이 광합성을 하려면 물과 이산화탄소, 빛이 있어야 해.

22

식물은 스스로 화학 에너지를 만들고,
초식 동물은 식물을 먹어서 화학 에너지를 얻으며
육식 동물은 초식 동물을 잡아먹어서 화학 에너지를 얻는다.

"호두야, 아까 식물은 태양 에너지로 스스로 영양분을 만든다고 했던 것, 기억해?"

호두가 고개를 끄덕하자, 무니가 꼬리를 **바짝** 세우고 말했어요.

"그걸 '광합성'이라고 해. 조금 더 '과학적'으로 말하면, 광합성은 식물이 태양 에너지를 화학 에너지로 **바꾸는** 거라고 할 수 있어. 화학 에너지는 식물이나 동물이 몸속에서 만드는 에너지야. 이 화학 에너지의 일부를 몸속에 저장했다가 필요할 때 사용해."

무니에 이어 연두가 설명했어요.

"화학 에너지는 우리가 먹는 모든 음식 속에 들어 있고, 우리는 매일매일 화학 에너지를 쓰면서 살아. 그런데 화학 에너지는 생물의 몸속에서만 만들어지는 게 아니야. 석탄, 석유, 천연가스와 같은 연료들을 '화석 연료'라고 하는데, 이 연료에서 얻는 에너지도 화학 에너지야."

"화석 연료는 아주 오랜 옛날에 살던 생물들이 죽어서 땅속에 묻히고, 이것이 오랜 시간에 걸쳐 **서서히** 변해서 만들어진 거야. 석탄은 식물이 지진, 산사태 같은 자연 현상으로 땅속에 묻히고, 그 위에 모래, 진흙 등이 덮인 채 수천만 년 동안 눌리면서 열과 압력을 받아 만들어져."

"그렇게 오랫동안 만들어진다고?"

호두가 되묻자 연두가 고개를 끄덕였어요. 이어서 무니가 말했어요.

"석유와 천연가스도 마찬가지야. 수억에서 수천만 년 전 바다에 살던 플랑크톤이나 동물이 죽어서 바다 밑바닥에 **쌓이고 쌓이는** 과정에서 생기는 압력과 열을 받아 만들어져."

호두는 무니의 설명을 잠자코 들었어요. 무니가 계속 말했어요.

"석유와 천연가스는 함께 묻혀 있는 경우가 많아. 석유보다 가벼운 천연

석탄이 만들어지는 과정이야.

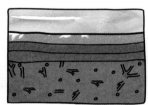
①나무 같은 식물이 산사태 등으로 땅속에 파묻힌다.

②그 위로 흙이 계속 쌓이고 나무의 탄소 성분만 남는다.

③오랫동안 높은 압력과 열을 받아 석탄이 만들어진다.

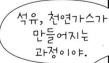

석유, 천연가스가 만들어지는 과정이야.

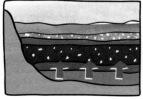
①바다 밑 땅에 물고기, 조개 등이 죽어 시체가 쌓인다.

②모래나 진흙이 계속 쌓이고 압력과 열을 받아 가스와 석유층이 생긴다.

③지각이 움직여서 가스와 석유가 들어 있는 지층이 위로 솟는다.

가스는 석유층 위에 있어서 석유보다 먼저 발견돼."

"아! 그럼 천연가스가 발견된 곳에서는 석유도 같이 나오는 거야?"

호두가 묻자 무니가 고개를 저으며 천연가스만 묻혀 있는 곳도 있다고 했어요. 호두가 **아쉬운** 표정을 지으며 말했어요.

"석유는 쓰이는 데가 많으니까 많이 발견되면 좋겠는데……."

"그래. 맞아. 석유는 자동차, 기차, 배 같은 교통수단을 움직이는 데뿐만 아니라 우리가 일상생활에서 쓰는 물건을 만드는 데도 사용돼. 옷을 만드는 데 쓰는 합성 섬유와 합성 고무, 화학 비료, 아스팔트, 페인트, 비닐봉지 등과 같은 수많은 물건을 만들 때도 석유를 원료로 써."

석유는 보통 바닷속이나 사막 아래 깊은 땅속에서 발견돼.

바다에 떠 있는 석유시추선이다. 석유시추선은 바다 밑 땅속에 파이프를 박아 석유를 뽑아 올린다.

# 위치 에너지와 운동 에너지

호두와 연두, 무니는 집 밖으로 나와 옥상으로 올라갔어요.

"작은 돌멩이를 높은 곳에서 떨어뜨리면 승용차의 유리창에 금이 가게 할 수도 있어. 높은 곳에 있는 물체는 힘을 갖고 있거든."

크크, 이 공의 위치 에너지가 가장 크지.

위치 에너지는 높은 곳에 있을수록 더 커.

내 공의 위치 에너지가 가장 작아.

위치 에너지

무니가 정말로 돌멩이를 던지는 줄 알고 호두는 **깜짝** 놀랐어요.

"이처럼 물체의 위치가 가지고 있는 에너지를 '위치 에너지'라고 해. 지구에서는 공중에 떠 있는 물체는 모두 위치 에너지를 가지고 있어. 위치 에너지는 지구가 물체를 지구의 중심으로 끌어당기는 힘인 중력 때문에 생겨. 위치 에너지의 크기는 얼마나 높이 있느냐에 따라 다른데, 같은 높이에 있을 때는 무거운 물체일수록 더 커."

연두가 갑자기 호두의 손을 잡고 옥상에서 뛰어내렸어요. 호두는 겁이 나마구 소리를 지르자 무니가 **깔깔** 웃었어요.

"너는 1층, 나는 2층, 무니는 3층에서 공을 떨어뜨릴 때 위치 에너지가 가장 큰 공은 누구 공일까?"

"가장 높은 곳에 있는 무늬가 든 공의 위치 에너지가 가장 커."

"맞아. 높은 곳에 있는 물체뿐만 아니라 움직이는 물체도 에너지를 가져. 바로 '운동 에너지'야. 물체는 속도가 **빠를수록** 더 많은 운동 에너지를 가져. 그럼 달리는 자동차와 자전거 중에서 운동 에너지가 더 큰 것은 무엇일까?"

"자전거보다 속도가 빠른 자동차의 운동 에너지가 더 커."

"그래, 맞아. 문제를 하나 더 낼게. 걸어가다가 친구랑 부딪쳤을 때와 뛰어가다가 친구랑 부딪쳤을 때, 어떤 때 더 **아플까?**"

"당연히 뛰어가다가 부딪쳤을 때 더 아프지."

호두가 대답하자 연두는 고개를 끄덕였어요.

"맞아. 달릴 때 운동 에너지가 더 크기 때문에 더 많이 아픈 거지."

# 환하게 밤을 밝히는 전기 에너지

"호두야, 정전이 되니까 뭐가 제일 불편한 것 같아?"

"깜깜해서 무서워."

호두의 대답에 무니가 눈에 빛을 더욱 밝히고는 으스댔어요.

"난 **깜깜한** 어둠 속에서도 잘 볼 수 있는데……."

"치, 좋겠다!"

호두와 무니가 티격태격하자 연두가 둘 사이를 갈라놓으며 말했어요.

"전기 에너지란 전기가 가진 에너지를 말해. 겨울에 스웨터를 입을 때나 문고리를 잡을 때 찌릿할 때가 있지? 그게 바로 전기야. 전기 에너지는 건전지를 넣는 장난감을 움직이게 하고, 전등에 불이 들어오게 해 줘. 또 집에서 쓰는 가전제품을 작동시키고, 엘리베이터나 전철처럼 큰 기계도 움직이게 하지. 정전이 되면 전기로 사용하는 것은 모두 사용할 수 없어."

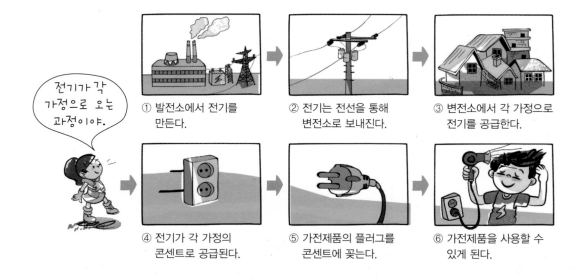

전기가 각 가정으로 오는 과정이야.

① 발전소에서 전기를 만든다.

② 전기는 전선을 통해 변전소로 보내진다.

③ 변전소에서 각 가정으로 전기를 공급한다.

④ 전기가 각 가정의 콘센트로 공급된다.

⑤ 가전제품의 플러그를 콘센트에 꽂는다.

⑥ 가전제품을 사용할 수 있게 된다.

　　"네가 좋아하는 텔레비전을 볼 수도 없고 컴퓨터를 쓸 수도 없어. 당연히 깜깜한 밤을 **환하게** 밝힐 전등도 켤 수 없지."

　　무니가 갑자기 끼어들어 호두를 약 올리듯 말했어요.

　　"**흑,** 전기가 없으면 그걸 다 사용 못 하니까 엄청 불편할 것 같아."

　　호두가 머리를 흔들며 말하자 연두가 웃었어요.

　　"맞아, 전기가 없으면 불편한 점이 너무 많을 거야. 현대 사회에서 전기 에너지는 정말 많이 이용돼. 전기 에너지가 없으면 하루도 살기 힘들 정도로 현대 사회는 전기 에너지에 의존하고 있어."

# 요리조리 모습을 바꾸는 에너지

"자, 이제 우리 다른 곳으로 가 보자."

연두는 어디로 가는지 말해 주지도 않고, 호두의 손을 잡고 이끌었어요.

"에너지는 여러 형태로 있지만, 항상 같은 모습이 아니야. 너희 아빠가 강아지 집을 만들던 때 기억해? 아빠가 못을 박던 순간을 한번 떠올려 봐."

에너지가 어떻게 바뀌는지 잘 봐.

시작

① 근육 속의 화학 에너지를 이용하여 팔이 움직인다.

② 팔을 움직이면 화학 에너지가 운동 에너지로 바뀐다.

③ 망치를 들어 올리면서 팔의 위치 에너지가 증가한다.

④ 망치가 내려오면서 팔의 위치 에너지가 감소하고, 팔을 움직이면서 운동 에너지가 증가한다.

⑤ 망치가 못을 내려치면서 망치의 운동 에너지가 못의 위치 에너지로 바뀐다.

⑥ 망치의 운동 에너지가 망치와 못의 열에너지로 바뀐다.

에너지가 정말 여러 번 바뀌네.

"못을 박을 때처럼, 에너지가 여러 모습으로 바뀌는 것을 '에너지 전환'이라고 해. 우리 생활에서 가장 중요한 에너지 전환은 전기 에너지로의 전환, 즉 '발전'이야."

호두는 '발전'이라는 말을 듣자마자 지금 가는 곳이 발전소일 거라는 생각이 **번뜩** 들었어요.

"발전이라는 말은 '전기를 발생시킨다'라는 뜻인데, 과학적으로는 '어떤 에너지를 전기 에너지로 전환한다'라는 뜻이야."

연두와 무니의 설명을 듣다 보니, 어느새 수력 발전소에 도착했어요.

"수력 발전소에서는 댐에 물을 가두었다가 한 번에 흘려보내. 그러면 물이 아래로 내려오면서 터빈을 돌려. 그러면 터빈에 연결된 발전기 안의 자석이 함께 돌면서 자석을 **감싸고** 있는 코일에 전류가 흘러. 바로 전기가 생긴 거야. 다시 말해 물의 위치 에너지가 물의 운동 에너지로 바뀌고, 물의 운동 에너지는 터빈의 운동 에너지로 바뀌고, 터빈의 운동 에너지는 코일의 전기 에너지로 바뀌는 거야."

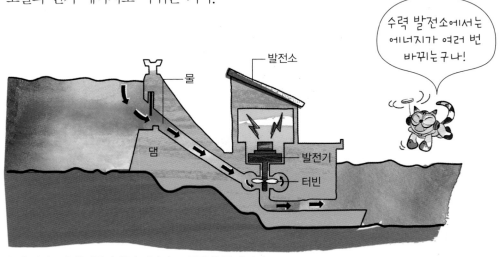

수력 발전소에서는 '물의 위치 에너지 → 물의 운동 에너지 → 터빈의 운동 에너지 → 코일의 전기 에너지'로 에너지 전환이 일어난다.

연두는 호두의 손을 잡고 수력 발전소를 빠져나와 **거대한** 송전탑과 전깃줄이 계속 이어져 있는 곳으로 갔어요.

"우아! 여기서 전기를 보내 주는 거야?"

호두가 송전탑과 전깃줄을 **신기한** 듯 바라보며 말했어요.

"응. 발전소에서 만들어진 전기 에너지는 전선을 통해 가정, 공장, 공공 기관 등으로 보내져. 이렇게 보내진 전기 에너지는 용도에 따라 다양한 형태로 전환돼. 다리미에서는 열에너지로, 스피커에서는 소리 에너지로 변해. 텔레비전에서는 빛 에너지, 소리 에너지, 열에너지로 전환돼."

라라라, 스피커는 전기 에너지가 소리 에너지로 바뀌어서 음악을 들을 수 있어.

송전탑

발전소

호두는 조용히 연두의 설명을 듣다가 **거정스러운** 표정이 되었어요.

"그런데 말이야, 에너지가 전환되는 과정에서 에너지가 사라지지는 않아? 전기 주전자로 물을 데우면 전기 에너지가 물의 열에너지로 전환되지만 물은 금방 식어 버리잖아. 그럼 물의 열에너지는 **사라진** 거야?"

"그렇지 않아. 물의 열에너지는 공기 중으로 퍼져 나갔을 뿐 사라진 게 아니야. 전기 에너지에서 전환된 에너지는 물의 열에너지와 공기 중으로 퍼져 나간 열에너지를 모두 더한 양과 같아. 이렇게 에너지는 형태만 바뀔 뿐 사라지지 않고 전체 양은 그대로야. 이것을 '에너지 보존 법칙'이라고 해."

다리미는 전기 에너지가 열에너지로 바뀌어서 옷을 다릴 수 있지.

텔레비전은 전기 에너지가 빛 에너지, 소리 에너지, 열에너지로 바뀌어서 재미있게 만화 영화를 볼 수 있어.

그때 갑자기 무니의 눈동자가 마치 전구처럼 **깜박깜박**거렸어요.

"무니의 전기가 떨어졌나 봐."

호두는 무니의 전기 에너지가 떨어져 멈출지도 모른다고 생각했어요.

"괜찮아, 무니는 아직 에너지가 충분해."

연두가 무니를 쓰다듬자 무니가 눈을 가늘게 뜨며 호두를 향해 혀를 쭉 내밀며 **메롱**을 했어요. 호두는 약이 바짝 올랐어요.

"연두야, 에너지는 모습이 바뀔 뿐 사라지지 않는다고 했잖아. 그런데 왜 사람들은 에너지가 부족하다며 **걱정하는 거야?**"

"그건 우리가 쓸 수 없는 에너지로 바뀌기 때문이야. 자동차를 예로 들어 볼게. 자동차에 석유를 넣고 달리는 것은 석유의 화학 에너지가 자동차의

기름을 얼마나 넣어 드릴까요?

석유의 화학 에너지 일부가 열에너지로 빠져나가.

운동 에너지로 바뀌는 거야. 이때 석유의 화학 에너지가 자동차의 운동 에너지로 전부 바뀌면 좋겠지만, 실제로는 그렇지 않아."

"그럼 어떡해? 너무 아깝잖아. 그걸 막을 방법은 없는 거야?"

호두가 **안타깝게** 묻자 연두도 똑같은 표정을 지으며 말했어요.

"아직까지는 석유의 화학 에너지를 자동차의 운동 에너지로 전부 바꿀 기술이 없어. 공기 중으로 흩어진 열에너지를 모아서 다른 데 쓸 기술도 없고."

미래에서 온 연두가 없다고 하니 호두는 **실망스러웠어요.**

"그러니까 에너지가 부족하다는 건 우리가 쓸 수 있는 에너지가 줄어든다는 뜻이야. 그러니까 에너지를 아껴 써야 해!"

연두가 호두를 뚫어져라 보며 무슨 선언이라도 하듯 단호하게 말했어요.

## 전기를 만드는 발전소

발전소는 발전기를 돌려서 전기를 만들어 내는 곳이다. 발전소의 종류는 터빈을 돌리는 힘을 어디에서 얻느냐에 따라 달라진다. 수력 발전소는 떨어지는 물의 힘으로 터빈을 돌려서 전기를 만든다. 화력 발전소는 화석 연료로 물을 끓여서 수증기를 만들고 이 수증기가 터빈을 돌려 전기를 만든다. 원자력 발전소에서는 원자가 핵분열을 할 때 나오는 열에너지를 이용하고, 풍력 발전소는 바람을, 태양광 발전소는 태양광을 이용해서 전기를 만든다.

독일의 원자력 발전소이다.

STEAM 쏙
교과 쏙

**Q** | 태양 에너지는 생명체에게 왜 중요할까?

**A** | 태양 에너지는 빛과 열의 형태로 지구에 온다. 빛 에너지는 식물이 영양분을 만들어 생명을 유지할 수 있게 한다. 초식 동물은 이 식물을 먹고, 육식 동물은 초식 동물을 먹어 생명을 유지한다. 열에너지는 지구를 따뜻하게 해 모든 생명이 살 수 있는 환경을 만들어 준다. 태양 에너지가 없으면 지구에는 어떤 생명체도 살 수 없다.

**Q** | 위치 에너지와 운동 에너지를 크게 하려면 어떻게 해야 할까?

**A** | 위치 에너지는 높은 곳에 있을수록, 무거운 물체일수록 커진다. 운동 에너지는 물체의 속도가 빠를수록 커진다.
따라서 위치 에너지가 커지려면 높은 곳에 올라가거나 무게를 무겁게 만들면 되고, 운동 에너지를 커지게 하려면 물체의 속도를 빠르게 해야 한다.

36

| 석유와 천연가스는 어떻게 만들어질까?

 | 수억에서 수천만 년 전 바다에 살던 물고기, 조개 등의 동물이나 플랑크톤이 죽어서 바다 밑바닥에 쌓인다. 바다 밑바닥에 쌓인 시체 위에 모래나 진흙 등이 계속 쌓이고, 수천만 년 동안 압력과 열을 받으면 가스와 석유층이 생긴다. 그러다 지각이 움직여서 가스와 석유가 들어 있는 지층이 위로 솟아오르면 석유와 천연가스를 발견할 수 있다.

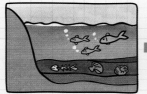  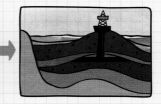

 | 텔레비전에서 일어나는 에너지 전환은 무엇일까?

에너지 전환이란 에너지가 모습을 바꾸는 것을 말한다. 에너지가 전환될 때는 한 번만 전환되는 경우도 있고, 여러 단계를 거치면서 전환되기도 한다. 또 한 종류의 에너지로만 전환되는 것이 아니라 동시에 여러 종류의 에너지로 전환되기도 한다.

텔레비전은 전기를 이용해서 화면을 보여 주고 스피커로 소리를 들려준다. 따라서 텔레비전에서는 전기 에너지가 빛 에너지와 소리 에너지로 전환된다. 또한 이때 열에너지도 발생한다.

**2**장

# 펑펑 쓰는 에너지,
# 끙끙 앓는 지구

# 에너지를 얼마나 사용할까?

호두가 연두와 함께 우주선을 타고 가 내린 곳은 어느 극장이었어요. 연두는 말없이 호두의 손을 잡고 극장 안으로 이끌었어요.

"앗! 우리 무슨 영화 보는 거야?"

"쉿! 이제 1950년대부터 지금까지 우리나라 모습을 볼 거야."

스크린에 영상이 상영되기 시작했어요.

"1950년대 사람들은 밥을 하거나 집 안을 데울 때 나무와 짚 같은 땔감을 주로 사용했습니다. 그러다 1960년대부터 공장이 들어서고 석탄을 많

1950년대에는 나무와 짚 같은 땔감을 에너지로 사용했다. 그러다 1960년대에 산업이 발달하면서 석탄을 많이 사용하기 시작했다.

이 사용하기 시작했고, 1970년대에는 석탄에 비해 보관과 운반이 편리한 석유를 쓰기 시작했습니다. 이후 석유는 가정, 공장, 기차나 자동차 등 다양한 곳에서 연료로 쓰면서 석탄보다 많이 사용됐습니다. 1980년대 이후부터는 편리하고 **깨끗한** 전기나 가스 같은 에너지를 점점 많이 쓰게 됐습니다. 하지만 2010년 현재까지는 전체 에너지 중에서 석유가 가장 많이 사용되고 있습니다."

영상이 끝나자, 호두는 길게 하품을 했어요. 그러다 무니와 눈이 마주쳤어요. 무니가 **찌릿찌릿** 눈에 빛을 내자 호두는 얼른 입을 가렸어요.

"내가 어제 잠을 못 자서……."

호두가 무니를 보고 머리를 긁적이며 말하자 연두가 킥킥 웃었어요.

"자, 영상을 봤으니 다른 곳으로 가 볼까?"

1970년대는 중공업과 화학 공업이 발달하면서 석유를 많이 사용했다.

1980년대 이후부터는 전기, 가스 등의 에너지를 점점 더 많이 사용하고 있다.

41

호두는 어느새 사방이 하얀색인 교실에 왔어요.

"무니야! 현재 우리나라가 어떤 에너지를 가장 많이 쓰는지 알려 줄래?"

"네, 주인님!"

무니가 눈에서 광선을 쏘아 하얀 벽에 표를 비췄어요.

**2010년 우리나라 최종 에너지 소비 구성**                    출처 : 국가에너지통계종합정보시스템

| 에너지원 | 석유 | 전기(전력) | 석탄 | 도시가스 | 기타 |
|---|---|---|---|---|---|
| 구성비(%) | 51.5% | 19.1% | 14.9% | 10.8% | 3.7% |

"호두야, 2010년에 우리나라는 51.5퍼센트(%)로 석유를 가장 많이 사용했어. 그다음이 전기, 석탄, 도시가스 순서야."

"아직도 석유를 가장 많이 쓴다고? 난 전기가 가장 많은 줄 알았는데."

호두는 에너지원 중에서 석유를 가장 많이 쓰는 이유가 궁금했어요.

"석유는 자동차, 철도, 배, 비행기 같은 교통수단의 원료야. 또 공장에서 기계를 돌리는 연료로 사용하고 아까 말했듯이 다양한 물건을 만드는 원료로도 사용해. 그리고 석유를 태워 전기를 만들기도 해."

"교통수단은 대부분 석유를 쓰는구나."

"응, 그뿐이 아니야. 땅속에서 뽑아낸 그대로의 석유를 '원유'라고 해. 원유에는 여러 물질이 섞여 있는데 이 물질들은 끓는점이 달라. 원유를 끓여서 분리해 휘발유, 등유, 경유, 가솔린 등을 만들고 여러 용도로 쓰지. 그래서 석유가 가장 많이 쓰는 에너지인 거야."

"아, 그렇구나. 전기는 내가 하루 종일 쓰는 거니까 알겠어. 그런데 석

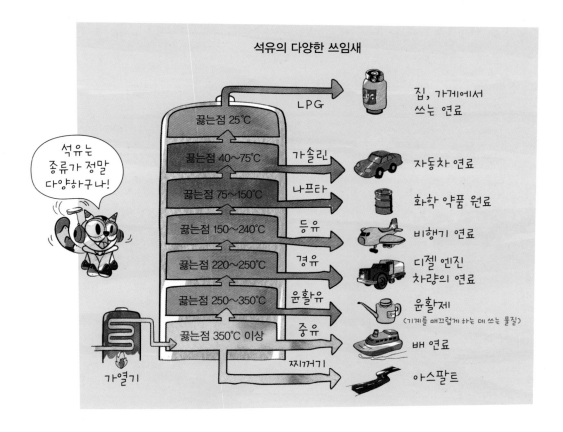

석유의 다양한 쓰임새

끓는점 25℃ — LPG → 집, 가게에서 쓰는 연료

끓는점 40~75℃ — 가솔린 → 자동차 연료

끓는점 75~150℃ — 나프타 → 화학 약품 원료

끓는점 150~240℃ — 등유 → 비행기 연료

끓는점 220~250℃ — 경유 → 디젤 엔진 차량의 연료

끓는점 250~350℃ — 윤활유 → 윤활제 (기계를 매끄럽게 하는 데 쓰는 물질)

끓는점 350℃ 이상 — 중유 → 배 연료

찌꺼기 → 아스팔트

가열기

석유는 종류가 정말 다양하구나!

탄은? 석탄은 어디에 쓰여?"

무늬가 눈에서 광선을 쏘자, 하얀 벽에 **시커먼 덩어리**가 나타났어요.

"에그머니, 이게 뭐야?"

"놀라기는! 석탄이야. 석탄은 예전에 기차를 달리게 하는 연료 등으로 사용했어. 하지만 석탄이 환경을 많이 오염시키고 효율성이 떨어져서 석유가 나온 뒤로는 점점 사용이 줄고 있지."

이번에는 가스레인지가 나타났어요. 가스레인지에는 호두가 좋아하는 김치찌개가 **보글보글** 끓고 있었어요. 호두는 침을 꿀꺽 삼켰어요.

"가스레인지는 도시가스를 사용하는 거야. 도시가스는 도시의 가정이나 공장 등에 관을 통해 공급하는 연료용 가스야."

무니는 호두가 김치찌개를 **헤벌쭉** 보고 있는 모습에 웃음을 터뜨렸어요.

"킥킥. 주인님, 호두 좀 보세요."

무니의 말에 연두는 설명을 멈추고 굳은 표정이 되어 호두를 바라봤어요.

"미안, 배가 고파서……."

연두는 호두를 **흘긋** 쳐다보고는 다시 설명을 이어 갔어요.

"오늘날 우리는 다양한 에너지 덕분에 편리한 기계와 기기들을 사용하고 있어. 하지만 우리나라는 석유나 가스 같은 에너지가 거의 나오지 않기 때문에 다른 나라에서 수입할 수밖에 없어. 2011년 에너지경제연구원이 발표한 자료에 따르면, 에너지 96.4퍼센트를 수입했어."

"정말? 우리가 쓰는 에너지가 거의 수입이란 말이야?"

"그래. 이번엔 우리나라에서 어떤 에너지를 얼마나 수입하는지 알려 줄

원그래프로 보니깐 한눈에 알겠어.

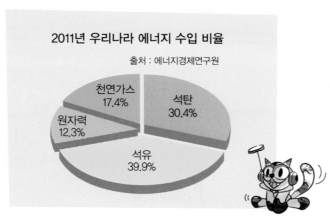
2011년 우리나라 에너지 수입 비율
출처 : 에너지경제연구원

천연가스 17.4%
석탄 30.4%
원자력 12.3%
석유 39.9%

게. 무늬야, 원그래프를 보여 줘."

호두가 하얀 벽에 무늬가 띄워 준 원그래프를 살펴보고 말했어요.

"2011년에 우리나라가 가장 많이 수입한 에너지는 석유네. 다른 나라에서 수입한다는 건 돈을 내고 산다는 거잖아?"

호두의 말에 연두가 *끄덕끄덕*했어요.

"그래. 2011년에 우리나라가 다른 나라에서 에너지를 수입하는 데 쓴 돈은 1,725억 달러야. 우리 돈으로 약 19조 5천억 원이지."

"으악! 19조 5천억 원? **어마어마**하네?"

"맞아. 에너지 수입 비용은 우리나라 3대 수출품인 배, 반도체, 자동차를 모두 합한 금액인 1,520억 달러보다 많아."

"👤. 물건을 아무리 열심히 만들어 수출해도 에너지를 많이 수입하는데 많은 돈을 쓰면 이익이 얼마 남지 않겠네."

우리나라의 에너지 수입액은 우리나라 3대 수출품을 합한 수출액보다 많다.

# 펑펑 쓰면 안 돼!

"에너지를 많이 사용하고 있는 것은 우리나라만이 아니야. 2011년 국가별 에너지 소비량을 한번 살펴볼까? 무니야, **부탁해.**"

### 2011년 국가별 에너지 소비량

출처 : 에너지경제연구원

| 순위 | 국가 | 소비량(백만 TOE) | 전 세계 비중(%) |
|------|------|------------------|-----------------|
| 1 | 중국 | 2613.2 | 21.3 |
| 2 | 미국 | 2269.3 | 18.5 |
| 3 | 러시아 | 685.6 | 5.6 |
| 4 | 인도 | 559.1 | 4.6 |
| 5 | 일본 | 477.6 | 3.9 |
| 6 | 캐나다 | 330.3 | 2.7 |
| 7 | 독일 | 306.4 | 2.5 |
| 8 | 브라질 | 266.9 | 2.2 |
| 9 | 한국 | 263.0 | 2.1 |
| 10 | 프랑스 | 242.9 | 2.0 |

우리나라가 세계에서 9번째로 에너지를 많이 썼네.

"2011년에 세계에서 에너지를 가장 많이 쓴 나라는 중국이야. 우리나라는 9위. 1위부터 10위까지의 에너지 소비량을 합하면 65.4퍼센트야."

미안. 우리가 에너지를 많이 써서.

호두가 깜짝 놀라며 말했어요.

"세상에! 세계에는 200여 국가가 있는데 그중에서 10개 나라가 총에너지의 절반이 넘는 양을 사용했다고?"

"키키키, 호두 네가 이제 좀 과학적인 어린이가 됐네. 표와 그래프를 보는 데 익숙해졌어. 맞아! 10개 나라가 에너지 소비를 너무 많이 하고 있어. 중국이 에너지를 가장 많이 사용하고 있는 건 최근 경제가 빠르게 성장하면서 공장이나 건물이 많이 생기고, 기계를 돌려서 많은 물건을 만들고 있기 때문이야. 중국은 인구가 많아서 에너지 사용량도 많은 거야."

호두가 갑자기 **심각한** 표정을 지었어요.

"앞으로도 계속 지금처럼 에너지를 쓴다면 어떻게 될까?"

무니가 안테나를 빛내며 계산을 한 뒤 말했어요.

"2011년 말을 기준으로 석유는 54.2년 동안 사용할 수 있는 양이 남아있어. 석유는 한정된 자원이라서 지금처럼 에너지를 계속 쓴다면, 언젠가 바닥이 나고 말 거야. 에너지 절약이 얼마나 절실한지 느껴지지?"

호두가 조용히 고개를 끄덕였어요.

뭐라고?
이대로 쓰면 54년
뒤에는 우리가 쓸
석유가 없다고?

약 8,358만 배럴

약 5,744만 배럴

1985년　　　　2011년　　　　2065년

# 후끈, 지구가 더워져

"쓸 에너지가 없어지는 것만 문제가 아니야. 에너지의 지나친 사용으로 생기는 지구 온난화도 문제야."

"나도 알아. 지구 온난화는 지구의 평균 기온이 높아지는 현상이지?"

연두가 고개를 끄덕였어요. 무니가 눈에서 광선을 쏘아 지구의 모습을 보여 주더니 설명을 시작했어요.

"지구의 평균 기온은 13~15도 정도로 사람이 살기에 적당해. 이 기온이 유지되는 것은 지구를 **둘러싸고** 있는 대기 덕분이야. 대기는 여러 기체로 되어 있는데, 그중에서 이산화탄소나 메탄은 마치 온실의 유리처럼 열을 가두지. 그래서 이 기체들을 '온실가스'라고 해. 온실가스가 지구 밖으로 열이 빠져나가지 않게 해 주는 것을 '온실 효과'라고 해."

무니가 설명을 끝내자 연두가 무니를 기특하다는 듯

화석 연료 사용으로 이산화탄소의 배출이 늘면서
대기 중에 이산화탄소층이 두껍게 형성돼
지구의 온도가 점점 높아지고 있다.

쓰다듬어 주었어요.

"잘했어, 무니야. 과학적으로 말해 온실 효과 자체는 지구의 온도를 일정하게 유지해 주는 좋은 자연현상이야. 하지만 요즘에는 온실가스가 지나치게 많아져서 지구의 온도가 점점 **높아지는** 게 문제지."

"온실가스는 언제부터, 왜 많아지게 된 거야?"

"산업 혁명 이후 화석 연료 사용이 급격히 증가하면서부터야. 이산화탄소는 석탄, 석유가 탈 때 공기 중에 있는 산소와 결합하면서 생기거든."

연두가 말하는 동안 무니가 하얀 벽에 그래프를 띄웠어요.

"이 그래프는 지난 1만 년 동안과 산업 혁명이 시작된 1750년 이후의 대기 중 이산화탄소 농도를 나타내고 있어. 1750년 이후부터 이산화탄소가 얼마나 빠르게 증가했는지 확실히 알 수 있지."

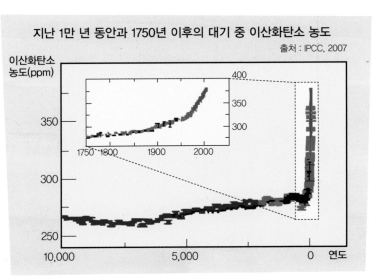

"연두야. 그런데 지구 온난화가 왜 문제인 거야? 지구가 따뜻해지면 추운 겨울이 오지 않으니까 좋을 수도 있지 않아?"

호두의 말에 무니가 한심하다는 듯 눈살을 찌푸렸어요.

"**쯧쯧.** 지구 온난화가 어떤 문제를 일으키는지 안다면 네가 절대로 그런 말을 못 할 거야."

호두는 자존심이 상했어요. 무니는 연두에게는 **깍듯이** 주인님이라 부르며 높임말을 썼지만, 호두는 계속 무시하는 것만 같았어요.

"지구의 온도가 올라가서 남극과 북극의 얼음이 점점 녹고 있어. 그로 인해 바다의 표면인 해수면도 높아지고 있지. 해수면이 높아지면서 남태평양에 있는 섬나라 투발루는 점점 바닷물에 잠기고 있어."

"뭐? 바닷물에 잠기고 있다고? 그럼 나라가 없어지는 거야?"

호두가 깜짝 놀라 되물었어요.

"그래! 투발루는 국토의 평균 높이가 3m에 불과한데, 지구 온난화로 해수면이 높아지면서 나라가 바닷물에 잠길지도 몰라. 투발루는 공장이 별로 없어서 이산화탄소를 거의 배출하지 않는 나라인데 말이야."

"**맙소사!** 그러니까 투발루는 온실가스를 거의 배출하지 않았는데도, 다른 나라에서 배출한 온실가스 때문에 바닷물에 잠기고 있는 거라고? 그건 말도 안 돼. 투발

지구 온난화로 우리의 섬들이 가라앉고 있어. 정말 큰일이야.

투발루는 남태평양 중앙에 있는 섬나라로, 9개의 섬으로 이루어져 있다.
벌써 2개의 섬이 가라앉았고, 이미 국토 포기를 선언했다.

루 사람들이 **억울하잖아!**"

호두는 화가 나서 자기도 모르게 목소리가 커졌어요. 하지만 연두는 호두
처럼 흥분하지 않은 채 차분하게 말을 이어 나갔어요.

"이건 투발루만의 문제가 아니야. 조금씩 차이는 있지만 국토가 물에 잠
기고 있는 나라는 더 있어. 이뿐만이 아니야. 남극과 북극의 얼음이 녹으면
서 남극과 북극에 사는 동물의 수도 점점 **줄어**들고 있어."

호두는 학교 선생님에게 북극곰이 살 곳이 없어지고 있단 얘기를 들은
게 기억났어요.

"또 기후가 이상하게 변해서 어느 나라는 가뭄이 오랫동안 계속되고, 어
느 나라는 홍수가 자주 일어나고, 어느 나라는 몹시 심한 추위가 오랫동안
계속되기도 해. 이렇게 지구 온난화는 아주 심각한 문제야."

# 끙끙, 지구가 앓고 있어!

"에너지 낭비는 사람에게도 큰 피해를 줘. 매연에는 사람의 몸에 해로운 오염 물질이 많이 들어 있어. 오염된 공기를 마시면 심장, 폐, 기관지 등에 병이 생기고 암에도 쉽게 걸려. 호두야, 1952년 영국 런던에서 일어난 스모그 사건을 아니?"

호두는 고개를 갸우뚱했어요. 스모그가 연기(스모크)와 안개(포그)를 합쳐서 만든 말이며, 대기 오염 물질이 안개처럼 **뿌옇게** 대기를 뒤덮는 현상을 가리킨다는 건 알았지만 런던 스모그 사건에 대해서는 잘 몰랐어요. 그러자 무니가 또 으스대며 말하기 시작했어요.

"1952년 겨울, 런던은 흐리고 습도가 높은 데다 날씨도 몹시 추웠어. 그래서 사람들은 석탄 난로를 많이 땠지. 이때 석탄이 타면서 나온 여러 기체들이 날씨 영향으로 대기에 퍼지지 못하고 땅 가까이에 머물다가 안개와 섞여서 **끔찍한** 스모그를 만들었어. 이 스모그 때문에 4,000명~12,000명이 죽었지."

호두는 스모그 때문에 사람이 죽었다는 말에 무서워졌어요. 하지만 무니는 아랑곳하지 않고 설명을 이어 나갔어요.

"대기 중에 있는 오존층이 파괴되고 있는 것도 큰일이야. 오존층은 땅에서부터 20~25km 높이에 있는데, 사람과 생물에게 **해로운** 태양의 자외선을 흡수해 막아 주지."

"아, 구멍이 생기고 있다는 오존층 말하는 거야?"

호두는 얼른 끼어들어 아는 척을 했어요.

"그래, 오존층의 구멍은 프레온 가스 때문에 생기고 있어. 프레온 가스는 냉장고와 에어컨, 머리에 **뿌리는** 스프레이에서 나오는데, 한 번 나온 프레온 가스는 최고 100년까지 대기 중에 머무르면서 오존층을 파괴해."

"뭐라고? 100년?"

"응. 오존층이 파괴되면 태양의 자외선 때문에 생물은 큰 피해를 입게 돼."

무니가 설명을 끝내자 연두는 호두를 데리고 밖으로 나왔어요. 하늘은 **누리끼리하고** 먼지가 자욱해서 앞이 잘 보이지 않았어요.

"하늘이 갑자기 왜 이래? 공기는 왜 이리 탁하고?"

컥컥, 무니 살려! 매연 때문에 숨을 쉴 수가 없어.

"이건 황사야. 황사는 중국과 몽골에 있는 사막에서 생긴 아주 작은 모래 먼지가 강한 바람에 의해 하늘로 높이 올라갔다가 대기의 흐름을 타고 우리나라로 와 땅으로 떨어지는 현상이야. 우리나라는 봄마다 황사가 찾아와."

"어휴, 이 황사는 심하다. 목이 벌써 아픈 것 같아."

호두가 **컥컥**거리자 연두가 마스크를 내밀며 말했어요.

"황사가 나타나면 사람들은 감기나 천식, 목의 염증, 눈병 등에 쉽게 걸리게 돼. 또 황사가 농작물과 나뭇잎의 숨구멍을 막아서 농사에도 큰 피해를 주지. 황사는 1990년대부터 갑자기 증가했어. 무니야, 이제부턴 네가 설명해 줘. 나도 마스크를 해야겠어."

연두가 마스크를 쓸 필요 없는 무니에게 설명을 대신 맡겼어요.

"네, 주인님. 호두야, 잘 들어!"

무니가 호두를 또 무시하는 듯 말하자 호두는 **발끈** 화가 났어요. 하지만 이번까지는 참아 보기로 했지요.

"황사가 심한 건 사막이 늘어나고 있기 때문이야. 최근에는 중국의 산업이 갑자기 발달하면서 황사 속에 오염 물질까지 실려 오고 있어 큰 문제야."

무니가 설명을 마치자 연두는 무니를 쓰다듬었어요. 무니는 기분이 좋은 듯 **그르렁거렸어요.**

"자, 이제 다른 곳으로 가자."

호두는 연두와 함께 우주선을 타고 어느 강가에 내렸어요.

"하천은 공장에서 나오는 폐수와 가정에서 옷을 빨거나 설거지할 때 나오는 생활 폐수 때문에 더러워지고 있어. 자연 상태의 물은 약간 오염되면 스스로 깨끗하게 만드는 정화 작용을 해. 하지만 오염 물질이 너무 많으면

물은 스스로 정화하지 못해. 물이 오염되는 게 얼마나 위험한지 아니?"

"물이 오염되면……. 물고기가 살 수 없을 테고, 그럼 고양이가 살기 힘들어지겠지."

호두가 무니를 홀깃 흘겨보며 얄궂게 말했어요.

"난 로봇이야. 생선 안 먹어. 그리고 고양이는 잡식성이라 생선을 못 먹는다고 죽는 건 아냐!"

"무니야, 그만해. 호두 너도! 지금 물 오염이 심각하다고!"

연두가 나무라자 무니는 꼬리를 내렸고, 호두도 그만 입을 다물었어요.

"1950~1960년대 일본 도야마 현의 진즈 강 유역에 사는 주민들에게 온몸의 뼈가 아프고 쉽게 부러지는 병이 생겼어. 그건 마을 가까이에 있는 광산에서 중금속이 든 폐수를 몰래 강으로 흘려보냈기 때문이었어. 폐수가 사람들이 먹는 물과 농업에 쓰이는 물을 오염시킨 거야. 이 병은 통증이 얼마나 심한지 '이타이이타이병'이라는 이름이 붙었어. 일본 말 '이타이'는 우리말로 '아프다'라는 뜻이야. 하천뿐만 아니라 바다도 아파. 이제 바다로 가 보자."

호두는 무거운 마음으로 우주선을 탔어요. 눈 깜짝할 새 우주선은 드넓은 바다 위를 날았어요. 호두가 창밖을 보며 말했어요.

"와, **바다다!** 이렇게 아름다운 바다가 아프다고?"

"사람들이 버리는 쓰레기가 바다를 오염시키고 있어."

"사람들이 쓰레기를 바다에 버린다고?"

호두가 믿어지지 않는 듯 놀란 표정으로 묻자 연두가 고개를 끄덕였어요.

"혹시 '쓰레기 섬'이라고 들어 봤니? 쓰레기 섬은 사람들이 바다에 버린 쓰레기들이 쌓여서 만들어졌어. 주로 비닐과 플라스틱 쓰레기로 되어 있지. 이런 쓰레기 섬이 바다에 여러 개 떠 있어. 그중에서 미국 하와이와 일본 동쪽 바다 사이에 있는 북태평양 쓰레기 섬의 면적은 2012년에 무려 140만

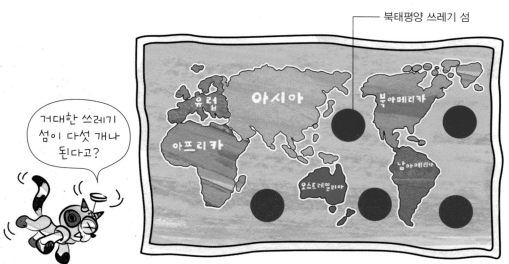

태평양, 대서양, 인도양 등 전 세계 바다에 5개의 쓰레기 섬이 떠 있다.

km$^2$였어. 우리나라 면적의 14배나 되지."

호두는 너무 놀라 말문이 막혔어요. 우리나라보다 14배나 큰 쓰레기 더미를 생각하니, 바다에 사는 생물들이 몹시 **걱정되었어요.**

"쓰레기 섬 주변에 있는 바다 동물들이 쓰레기를 먹고 죽는 일이 종종 생기고 있어. 태평양에 사는 물고기의 10퍼센트가 플라스틱 조각을 삼켰다는 조사 결과도 있어."

호두는 바다를 바라보며 생각에 잠겼어요. 연두를 따라다니며 오염돼 가는 지구의 모습을 생생히 보니 마음이 점점 **무거워졌어요.**

"땅도 아파. 오염된 땅에는 식물이 자랄 수 없고, 땅속의 작은 생물도 살기 어려워. 또 지하수도 오염돼. 지하수는 우리가 먹을 수도 있는데 말이야."

"환경이 오염되면 결국 지구에 사는 사람들도 살기 힘들게 되는 거구나."

호두는 뭔가 결심한 듯 주먹을 불끈 쥐었어요.

쓰레기들은 오랫동안 썩지 않고 땅을 오염시킨다.

# 높은 에너지 효율을 찾아라

"에너지를 쓰는 게 문제가 된다면, 에너지를 절약하는 것 말고 아예 에너지 사용량을 줄일 수 있는 방법은 없을까?"

호두가 묻자, 연두가 마치 기다렸다는 듯 눈을 **반짝였어요.**

"있어! 바로 에너지 효율을 증가시키는 방법이야."

"에너지 효율?"

"너와 네 친구가 똑같은 상자를 1층에서 2층으로 옮긴다고 생각해 봐. 이 일을 하는 데 너는 10초, 네 친구는 20초가 걸렸어. 누가 더 효율적으로 일을 했을까?"

"나!"

"그래, 호두 네가 같은 일을 짧은 시간에 했으니까 더 효율적으로 일을 한 거야. 그럼 이번엔 자동차 두 대로 비교해 볼까?"

호두는 연두의 말에 **집중했어요.**

"초록색 자동차의 엔진은 정지한 상태에서 80km까지 속력을 올리는 데 10초 걸리고, 갈색 자동차의 엔진은 20초가 걸려. 초록색 자동차의 엔진이 더 효율적으로 일한 거야. 에너지 효율을 이해하려면, 먼저 '일률'을 알아야 해. '일률'은 일정 시간에 한 일의 양으로, 한 일의 양을 시간으로 나누어 구해. 그러니 초록색 자동차의 엔진 일률이 갈색 자동차의 엔진 일률의 2배가 된다는 뜻이지."

"알겠어! 일률이 2배라는 것은 같은 시간에 2배의 일을 할 수 있거나, 같은 양의 일을 하는 데 시간이 절반밖에 걸리지 않는다는 걸 뜻하지? 그럼 초록색 자동차가 갈색 자동차보다 짧은 시간에 빠른 속력을 낼 수 있어."

호두는 연두와 여행하며 에너지에 대해 많이 알게 돼 **뿌듯했어요.**

"맞아! 초록색 자동차가 갈색 자동차보다 일률이 높아. 에너지 효율은 같은 양의 에너지를 얼마나 효과적으로 쓸 수 있는지 나타낸 거야. 그리고 한 가지 더! 호두야, 냉장고에 노란색 마크가 붙어 있는 걸 본 적 있니?"

호두는 집에 있는 냉장고를 떠올리고 고개를 **끄덕였어요.**

"그 마크가 에너지 소비 효율 등급을 표시하는 마크야. 에너지 소비 효율이나 사용량에 따라 1~5등급으로 나타내는데, 1등급 제품은 에너지 효율이 가장 좋고, 5등급으로 갈수록 에너지 효율이 떨어져."

"아하, 노란색 마크를 보면 어느 제품의 에너지 효율이 높은지, 즉 에너지가 더 절약되는지 알 수 있겠네."

"자, 이제 그럼 본격적으로 호두의 에너지 습관을 알아보자!"

무늬가 눈에서 광선을 쏘자 호두의 하루를 담은 영상이 나왔어요.

"너는 학교에서 돌아오면 냉장고 문부터 열어. 그리고 하루에도 몇 번씩 냉장고 문을 열고 닫지. 빈 방의 전등을 끄지 않고, 텔레비전을 보지 않는데도 그냥 켜 두기도 해."

"나는 내가 에너지를 저렇게 많이 **낭비하는** 줄 몰랐어."

호두가 에너지를 낭비하는 습관을 반성하며 풀이 죽어 말했어요.

"에너지 낭비를 줄이는 방법을 알려 줄게. 일정 시간 동안 전기 기구가 소비한 전기 에너지의 총량을 전력량이라고 하고 'kWh(킬로와트시)'라는 단위를 써 나타내. 한국전력공사가 발표한 자료를 보면 냉장고 문을 열고 닫는 횟수를 하루 3회만 줄여도 한 달이면 0.7kWh, 1년이면 8.4kWh의 전력을 절약할 수 있어. 텔레비전을 하루 1시간만 일찍 끄면 한 달에 2kWh, 1년에 24kWh를 줄일 수 있지. 텔레비전을 보지 않을 때는 플러그까지 뽑아야 전력 낭비를 막을 수 있고."

"전원을 껐는데도 전기가 **새 나간다는** 뜻이야?"

"응. 전원을 끈 상태에서 전기 제품이 쓰는 전력을 '대기 전력'이라고 해. 우리나라 가정은 평균 월간 30kWh, 연간 360kWh의 대기 전력을 낭비하고 있어. 전력이 참 많이 낭비되지?"

# 전기 요금 줄이기

호두가 에너지를 절약하기 위해 세운 계획이야. 얼마나 절약할 수 있을까?

주택용 전기 요금 : 1kWh당 약 120원(한국전력공사, 2011년 기준)

1. 하루 평균 냉장고 문을 열고 닫는 횟수를 3회 줄일 것이다. 이 행동으로 1년에 8.4kWh의 전력을 절약할 수 있다. 이것을 전기 요금으로 고치면 아래와 같다.

$$8.4kWh \times 120원 = 1,008원$$

2. 텔레비전을 하루에 1시간 덜 볼 것이다. 이 행동으로 1년에 24kWh의 전력을 절약할 수 있다. 이것을 전기 요금으로 고치면 아래와 같다.

$$24kWh \times 120원 = 2,880원$$

3. 40W짜리 형광등을 하루 4시간 덜 사용할 것이다. 이 행동으로 1년에 58kWh의 전력을 절약할 수 있다. 이것을 전기 요금으로 고치면 아래와 같다.

$$58kWh \times 120원 = 6,960원$$

4. 사용하지 않는 전기 제품의 플러그는 모두 뽑아서 대기 전력을 '0'으로 만들 것이다. 이 행동으로 1년에 360kWh의 전력을 절약할 수 있다. 이것을 전기 요금으로 고치면 아래와 같다.

$$360kWh \times 120원 = 43,200원$$

※ 위의 네 가지 행동을 실천하는 것만으로 호두네 가족은 1년에 총 전력량 (8.4 + 24 + 58 + 360)kWh 즉 450.4kWh를 절약할 수 있다. 이것을 전기 요금으로 고치면 총 전력량 450.4에 120원을 곱해 54,048원이 나온다.

꼭 절약할 거야.

 **우리나라의 에너지 소비는 어떨까?**

 1950년대에는 공장, 자동차, 기계 사용이 많지 않아 주로 난방이나 음식을 만들 때 나무와 짚 같은 땔감을 연료로 사용했다. 1960년대부터는 산업이 발달하면서 공장이 세워지기 시작했고 공장에서는 석탄을 주로 사용했다. 1970년대에는 중공업과 화학 공업이 발달하면서 보관과 운반이 편한 석유를 사용했다. 1980년대 이후부터는 편리한 전기와 가스를 주로 사용하고 있다.

| 1950년대 | 1970년대 | 1980년대 |

**온실 효과와 온실가스는 무엇일까?**

지구는 대기가 지구를 담요처럼 감싸고 있어서 지구 표면에서 반사된 열이 지구 밖으로 빠져나가지 않는다. 이러한 현상을 '온실 효과'라고 한다. 지구의 대기를 이루는 기체는 여러 가지인데, 이 중에서 이산화탄소나 메탄과 같은 기체는 마치 온실의 유리처럼 열을 가두는 역할을 한다. 그래서 이 기체들을 '온실가스'라고 부른다. 온실가스는 이산화탄소, 메탄, 아산화질소, 수소불화탄소, 과불화탄소, 육불화황 등 6가지인데, 이 중에서 이산화탄소가 가장 많다.

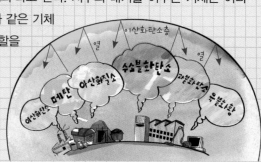

**황사는 무엇일까?**

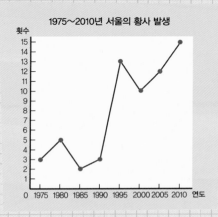

1975~2010년 서울의 황사 발생

황사는 중국과 몽골에서 생긴 아주 작은 모래 먼지로 봄이 되면 황사가 강한 바람을 타고 우리나라로 이동해 온다. 황사가 심하면 사람들은 목의 염증, 눈병, 기침 등 질병에 걸리기도 하고 농작물과 나뭇잎의 숨구멍이 막혀서 농사에 큰 피해를 입기도 한다.

우리나라에서는 1990년 이전에는 황사 발생 횟수가 적었는데, 1990년대부터 황사 발생 횟수가 갑자기 급격하게 증가했다.

 **일의 효율은 어떻게 구할까?**

일의 효율은 일률로 계산할 수 있다. 일률은 한 일의 양을 시간으로 나누어 구한다. 즉 같은 양의 일을 했다면 시간이 짧을수록 일률이 크다. 즉 일한 효율이 높은 것이다. 예를 들면 초록색 자동차와 갈색 자동차가 정지한 상태에서 80km까지 속력을 올리는 데 걸리는 시간을 쟀다. 이때 초록색 자동차는 10초 걸리고, 갈색 자동차는 20초 걸렸다면, 효율적으로 일한 것은 초록색 자동차다. 왜냐하면 같은 속도로 올리는 데 초록색 자동차가 갈색 자동차보다 더 짧은 시간이 걸렸기 때문이다.

# 3장

## 반짝반짝 빛나는
## 친환경 방안들

# 공짜 에너지, 태양을 이용해

우주선이 도착한 곳은 고층 건물이 즐비한 도시 한복판이었어요. 시원한 바다와 다르게 **후끈후끈** 열기로 달아올라 있었지요.

"최근 도시 중심부에서는 주변 지역보다 기온이 높게 나타나는 열섬 현상이 많이 나타나. 고층 건물은 열섬 현상을 부추기는 대표적인 요인이야."

"고층 건물이 많으면 그늘이 많이 생겨서 시원하지 않아?"

호두의 말에 무니가 고개를 가로저으며 호두를 한심하다는 듯 쳐다봤어요.

"**쯧쯧,** 좀 나아진 것 같더니, 호두 넌 우리 주인님께 더 배워야 해."

호두는 무니의 배터리를 확 빼고 싶은 마음이 들었어요. 연두는 호두의 마음도 모른 채 계속 말했어요.

고층 건물은 6층 이상의 건물을 말해. 작은 건물에 비해 훨씬 많은 오염 물질을 내보내.

으헉, 고층 건물이 환경을 오염시킨다고!

"고층 건물은 햇빛을 많이 흡수한 다음 밖으로 다시 **뿜어내어** 도시의 온도를 높여. 고층 건물의 표면적은 1층 건물의 표면적보다 넓어서 태양열을 품는 양이 훨씬 많아. 또 전등, 컴퓨터를 많이 사용하고, 엘리베이터도 자주 운행해. 여름에는 에어컨, 겨울에는 히터를 사용하지. 고층 건물은 에너지를 많이 쓰는 만큼 이산화탄소를 포함한 오염 물질을 많이 내보내. 한마디로 환경을 오염시키지."

"그럼 에너지를 적게 쓰는 고층 건물을 만들면 되잖아?"

연두가 손가락을 부딪혀 **딱** 소리를 내고는 말했어요.

"바로 그거야! 그래서 사람들은 에너지를 적게 쓰고 환경오염도 줄이는 건물을 만들 방법을 떠올렸어."

건물 자체가 하나의 거대한 태양광 발전소야.

솔라 아크 안에는 태양 에너지 박물관과 태양 에너지 연구소가 있다.

호두는 도대체 어떤 방법인지 궁금해서 귀를 쫑긋했어요.

"바로 태양 에너지를 이용하는 거야. 방법은 두 가지인데, 빛 에너지를 이용해 태양광 발전을 하는 것과 열에너지를 이용하는 거야."

"실제로 태양광 발전을 하는 고층 건물이 있어?"

호두가 묻자마자 무니가 눈에서 광선을 쏘아 건물 외벽에 사진을 띄웠어요. 사진 속에는 거대한 건물이 있었어요.

"이건 세계적으로 유명한 친환경 건물인 '솔라 아크(Solar Ark)'야. 일본에 있는 이 건물은 가로 315m, 세로 37m의 바깥벽을 이용해 태양광 발전 시스템을 설치했어. 태양광 발전으로 연간 50만 kWh의 전력을 만들어 내고 있어."

"우아! 대단해."

무니가 이번엔 다른 건물의 사진을 띄웠어요.

"이것은 서울에 있는 '포스 타워'라는 건물이야. 포스 타워에는 햇빛이 움직이는 경로에 맞춰 건물의 오른쪽과 뒤쪽의 바깥벽에 태양광 발전 시스템을 설치했어. 이 시스템을 통해 연간 42,500kWh의 전력을 만들어 내고 있지."

우리나라에도 태양광을 이용

포스 타워에는 태양광 발전 시스템과 에너지 효율이 높은 LED 조명이 설치되어 있다.

한 친환경 건물이 있다니 호두는 **뿌듯했어요.** 그런데 혹시 날이 흐리거나 해가 없을 때는 어떻게 할지 궁금했어요.

"태양광 발전은 해가 나지 않는 날, 해가 지는 밤, 겨울처럼 해가 짧은 계절에는 전기 에너지를 많이 만들어 낼 수 없어. 그래서 태양광 발전 시스템을 사용하는 건물은 기존의 전력 시스템을 함께 사용해야 해."

"태양광 발전만으로는 에너지 문제를 해결하는 데 한계가 있구나?"

"그래, 맞아. 그리고 태양열은 주로 물을 데우거나 실내를 **따뜻하게** 하는데 이용해. 그런데 태양열을 이용하는 온수기나 난방 장치는 설치할 때 돈이 많이 들고, 밤이나 태양열이 적은 겨울에는 쓰기 어렵다는 단점이 있어. 하지만 낮에 태양열을 저장했다가 사용하는 기술이 점차 개발되고 있으니 기대해 봐."

# 바람아, 쌩쌩 불어라

연두는 호두를 데리고 다시 우주선에 탔어요. 우주선이 도착한 곳은 쌩하고 매서운 바람이 부는 곳이었어요. 호두는 거센 바람 때문에 잠깐 고개를 어깨에 푹 파묻었어요.

"여기는 어디야?"

"중앙아시아의 섬나라 바레인이야. 기온이 높고 바람이 아주 많이 부는 나라지."

"저것 좀 봐!"

호두가 뿔 모양의 거대한 빌딩을 보고 소리쳤어요.

"50층의 세계무역센터야. 둘 다 높이가 240m정도 되지."

터빈

바레인에 있는 세계무역센터는 풍력 에너지를 이용하는 대표적인 친환경 건물이다.

다리에 달린 터빈이 돌면 에너지가 만들어져.

연두와 호두는 손을 잡고 세계무역센터 쪽으로 걸어갔어요.

"건물 가까이 갈수록 바람이 세. 건물과 건물 사이는 다른 곳보다 바람이 더 세게 불어. 다른 곳보다 속도가 20퍼센트나 더 세다고 해. 호두야, 저기 두 건물을 연결한 다리 3개에 달린 터빈 보이지?"

연두가 가리키는 다리에는 커다란 날개바퀴가 달려 있었어요. 호두는 바레인 세계무역센터가 어떤 에너지를 만들어 쓰는지 금방 알아차렸어요.

"저 건물은 바람으로부터 얻는, 그러니까 풍력 에너지를 쓰는 거지?"

"응. 터빈은 바람개비처럼 돌아가는 날개야. 바람이 저 터빈들을 돌리면 터빈 안의 발전기에서 전기가 만들어져. 바람의 운동 에너지를 터빈의 운동 에너지로 바꾸고, 발전기를 이용해서 터빈의 운동 에너지를 다시 전기 에너지로 바꾸는 원리야. 바람이 셀수록 전기가 더 많이 만들어져."

연두는 바레인 세계무역센터가 풍력 발전기로 이 건물에서 쓰는 전기의 15퍼센트 정도 전력을 만들고 있다고 했어요. 연두가 설명하는 동안 바람이 조금 약해졌어요. 호두는 바람이 시원하게 느껴져 기분이 좋았어요.

"풍력 에너지는 오염 물질을 만들어 내지 않는 깨끗한 에너지야. 지금도 세계 여러 나라에서는 풍력을 이용해 전기를 만들고 있어."

"아, 그렇구나."

바람은 높은 곳에서 강하게 불기 때문에 풍력 발전기는 높은 곳에 설치해.

"풍력 발전을 하려면 바람이 많이 불고, 일정하게 불어야 해. 그래서 풍력 발전기는 높은 곳에, 시속 10~20km로 일정하게 바람이 부는 곳에 세워. 바람이 많이 부는 사막이나 바닷가, 섬, 넓은 들판 같은 곳 말이야."

"하지만 풍력 발전을 하는 바레인 세계무역센터는 건물이 **빽빽한** 도시 한가운데에 세워졌잖아. 어떻게 된 거야?"

바레인 세계무역센터를 바라보며 호두가 **불쑥** 물었어요.

"도시에 풍력 발전기를 세우는 걸 처음엔 불가능하다고 생각했어. 무니야, 호두에게 바레인 세계무역센터가 어떻게 만들어졌는지 설명해 줄래?"

무니는 연두의 말이 떨어지자마자 호두를 보고 씩 웃으며 말했어요.

"호두야, 널 위해 준비했어. 내가 광선을 쏠게. 만화로 보렴."

# 힘겹게 건설한 바레인 세계무역센터

높은 건물에 부는 바람을 이용하는 건물을 지을 수 없을까?

건축가 손 킬라

연구해야 해. 연구!

우리 바레인에 친환경 건물을 지어 주시오.

이렇게 지으면 되겠어. 이제 풍력 발전기를 설치할 회사를 찾아야지.

도시에 풍력 발전기를 설치하다니 말도 안 돼!

거기다 어떻게?

불가능해요.

아, 정말 안 된단 말인가?

우리가 만들어 보겠소.

덴마크 터빈 업체 사람들

2008년에 바레인 세계무역센터가 완성되었고, 이 건물은 여러 가지 상을 받았다.

동아신문
세계최초
NEWS NOW
바레인 월드
2006 LEAF AWARDS
최고의 대응구조물
기후 온실
무우상

덴마크의 수도 코펜하겐의 터빈 업체 사무실

고장 난 데가 없는지 항상 잘 감시하게.

풍력 발전기가 잘 돌아갑니다.

# 재생 가능 에너지 모여라

"태양이나 바람 에너지처럼 아무리 써도 없어지지 않고 오염 물질이 나오지 않는 에너지를 '재생 가능 에너지'라고 해. 재생 가능 에너지에는 또 무엇이 있을까?"

호두가 머뭇거리자 무니가 그럴 줄 알았다는 듯 피식 웃었어요.

"주인님, 호두는 에너지에 대해 아직 잘 모른다니까요. 호두야, 재생 가능 에너지로는 지열 에너지, 소수력 에너지, 조력 에너지, 바이오 매스 에너지, 수소 에너지 등이 있어."

호두는 자존심이 상했지만, 인정할 수 밖에 없었어요.

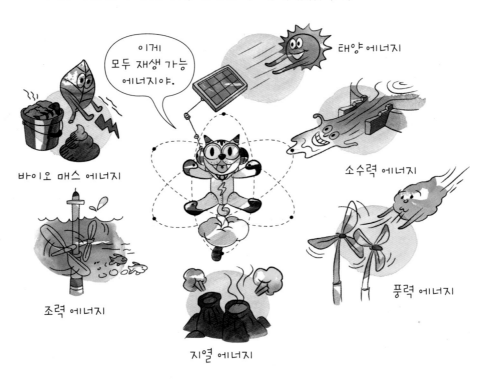

바이오 매스 에너지

태양 에너지

소수력 에너지

풍력 에너지

조력 에너지

지열 에너지

"그래, 난 아직 모르는 게 많아. 그러니까 이제부터 재생 가능 에너지에 대해 하나씩 알려 줘."

호두의 **솔직한** 말을 들은 연두가 지긋이 웃고 설명을 시작했어요.

"우선, 지열 에너지는 땅이 가진 열에너지야. 땅속 깊은 곳에 엄청나게 뜨거운 마그마가 있는 거 알지? 땅속에 마그마가 있는지 조사한 뒤 땅을 깊숙이 파서 파이프를 심고 파이프 안에 물을 흘려보내면 마그마의 열 때문에 물이 뜨거워져. 이때 생기는 뜨거운 증기를 이용해서 터빈을 돌려서 전기를 만들어. 이걸 '지열 발전'이라고 해."

"그럼 지열 발전소는 땅속에 뜨거운 열이 있는 곳에 짓겠네. 그치?"

호두의 말에 연두가 고개를 끄덕였어요.

"지열 발전소는 화산 활동 지역이나 땅속에 마그마나 **뜨거운** 지하수가 있는 지역에만 지을 수 있어. 그리고 지열 발전 과정에서 지하수가 오염될 위험이 있으니 주의해야 해."

지열은 지구 내부에서 밖으로 나오는 열로, 그 양이 지역에 따라 크게 차이 난다.

수력 발전은 댐의 물을 이용하지만 소수력 발전은 작은 하천의 물을 이용해.

다른 곳으로 가기 위해 우주선에 탄 연두가 호두에게 물었어요.

"호두야, 수력 발전이 물의 힘을 이용해 발전기를 돌려 전기를 만든다는 거 알지? 그럼 소수력 발전은 뭘까?"

"소, 소……. 작은 수력 발전?"

호두가 자신 없이 말하자 연두가 눈을 찡긋하고는 말했어요.

"맞아. 대규모의 수력 발전에 비해 비교적 규모가 작은 수력 발전을 소수력 발전이라고 해."

호두는 이왕이면 큰 게 좋은데, 왜 작게 만드는 건지 궁금했어요.

"사람들은 수력 발전을 하기 위해 만든 댐이 강의 흐름을 막고 주변 환경을 바꿔서 자연을 파괴하는 문제가 있다는 걸 알게 됐어. 그래서 환경에 피해를 덜 주는 비교적 작은 하천이나 저수지를 이용하기로 한 거야. 보통 10kWh 미만의 전기를 만드는 작은 수력 발전을 소수력 발전이라고 해."

"연두야, 조력 발전은 뭐야? 들어본 것 같아서."

"조력은 밀물과 썰물에 의해 바닷물이 가지는 힘을 말해. 그러니까 조력으로 인해 생기는 에너지가 조력 에너지야."

무니가 눈으로 긴 광선을 **뿜어서** 조력 발전 시스템을 그림으로 보여 주었어요. 연두는 그걸 보면서 설명했어요.

"조력 발전은 바다에 물을 저장하는 공간을 만들어 밀물 때 밀려 들어온 바닷물을 가두었다가 썰물 때 수문을 열어 바닷물이 **빠져나가는** 힘으로 터빈을 돌려서 전기를 만들어. 조력 발전소는 주로 밀물과 썰물 때 바닷물의 높이 차이가 큰 곳에 지어."

소수력 발전을 맞히고 나서 자신감을 얻은 호두가 말했어요.

"**아!** 그럼 우리나라에서는 서해안이 조력 발전을 하기 좋겠네!"

호두의 말에 연두가 밝게 웃었어요.

"이제야 호두 네가 나랑 '과학적'으로 얘기가 통하네."

연두가 밝게 웃으며, 호두와 손바닥을 마주치자 무니가 흠칫 놀랐어요.

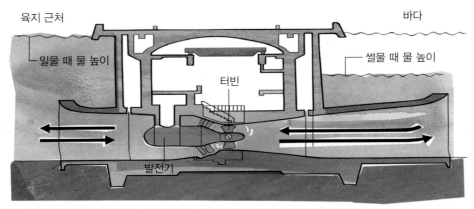

조력 발전은 바닷물이 밀려오고 빠져나가는 힘으로 터빈을 돌려 전기를 만든다.

"이제 우리 몽골 초원에 가자."

호두는 우주선을 타고 어느새 몽골 초원에 왔어요. 초원에 내려 한참을 걸어가는데 모닥불을 지피고 있는 사람이 보였어요.

"웩, 냄새. 저 사람 뭘 태우고 있는 거야?"

호두가 코를 막으며 인상을 **찌푸리자** 무니가 눈을 날카롭게 떴어요.

"저 사람은 지금 말똥을 연료로 에너지를 만들고 있는 거야."

"**으하하,** 말도 안 돼! 말똥으로 에너지를 만든다고?"

호두는 순간 웃음이 터졌어요.

"호두야, 그만 웃어. 저 아저씨는 지금 바이오 매스를 사용하고 있는 거야. 바이오 매스(biomass)는 생물을 뜻하는 바이오(bio)와 양을 나타내는 매스(mass)를 합친 말로, 에너지 자원으로 이용할 수 있는 생물을 뜻해. 나무줄기, 뿌리, 잎, 소나 말 등 가축의 똥오줌, 음식물 쓰레기 등이 대표적인 바이오 매스야."

몽골에서는 말똥을 에너지로 이용해.

윽, 말똥 냄새!

식물의 기름과 녹말을
화학적으로 처리해서
바이오 연료를 만들어.

 

연두는 바이오 매스에서 얻는 연료를 바이오 연료라고 한다고 알려 줬어요. 바이오 연료는 어디서나 쉽게 얻을 수 있고, 사용한 뒤에 오염 물질이 나오지 않아서 화석 연료를 대체할 새로운 에너지로 떠오르고 있다고 했지요. 그 말에 호두는 웃음기를 싹 거두고 아저씨가 **말똥**을 태우는 모습을 다시 진지하게 봤어요.

"아, 그렇구나. 그럼 똥 말고 식물은 어떻게 바이오 연료로 이용해?"

"코코넛, 콩, 유채씨, 해바라기씨 등에서 짜낸 기름을 화학적으로 처리해서 만들지. 또 옥수수, 밀, 보리, 사탕수수 등에 있는 녹말을 발효시켜서 만들기도 해. 바이오 연료는 **그대로** 사용하기도 하지만 주로 경유와 섞어서 사용해. 그리고 바이오 연료를 휘발유와 섞으면 자동차 연료로 쓸 수 있지. 자, 이제 우리 다시 우리나라로 돌아가자."

호두와 연두는 우주선에 얼른 올라탔어요.

# 씽씽 달려라, 친환경 자동차

"호두야, 친환경 자동차라고 들어 봤니?"

"환경을 오염시키지 않는 자동차 말하는 거지? 예를 들면 석유나 가스 같은 연료 대신 전기로 움직이는 전기 자동차 같은 거?"

"그래, 친환경 자동차에는 전기 자동차도 있지만, 하이브리드, 바이오 디젤, 수소로 움직이는 자동차도 있어."

"전기 자동차부터 알려 줘."

"응, 먼저 전기 자동차는 전기를 발생시키는 장치인 전지와 전동기를 사용해. 같은 거리를 달릴 때 전기 자동차가 쓴 전기 에너지 비용은 일반 자동차가 쓴 석유 비용의 20퍼센트 정도라고 해. 하지만 아직까지 전기 자동차는 최고 속도가 일반 자동차보다 많이 느려서 고속도로를 달리거나 먼 지역을 가는 것은 어려워."

전기로 움직이니까.

전기 자동차가 전기 에너지를 냠냠 먹고 있어.

전기 자동차는 온실가스를 거의 내보내지 않아.

전기 자동차

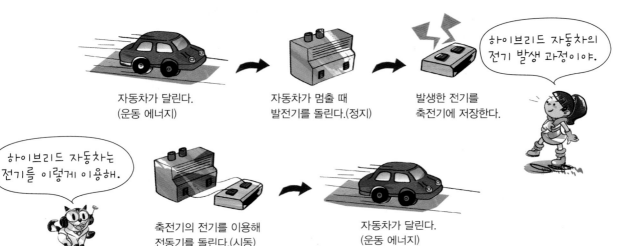

자동차가 달린다.
(운동 에너지)

자동차가 멈출 때
발전기를 돌린다.(정지)

발생한 전기를
축전기에 저장한다.

하이브리드 자동차의
전기 발생 과정이야.

하이브리드 자동차는
전기를 이렇게 이용해.

축전기의 전기를 이용해
전동기를 돌린다.(시동)

자동차가 달린다.
(운동 에너지)

"아, 그래서 아직은 전기 자동차를 많이 볼 수 없구나."

호두가 **아쉬운** 표정을 지었어요.

"대신 하이브리드 자동차는 좀 봤을 거야. 광고에 많이 나오니까. 하이브리드 자동차는 석유와 전기를 함께 사용하는 자동차야. 이 자동차에는 석유로 움직이는 엔진과 전기를 사용하는 전동기가 함께 들어 있지. 석유를 연료로 달리는 동안 전기가 충전되면, 이후에는 전기 에너지로 달린단다."

"**우아,** 그럼 에너지가 절약되는 거야?"

"하이브리드 자동차에 달린 전동기는 엔진의 성능을 높여 줘서 일반 자동차보다 연료 효율이 높아서 유지비가 적게 들어. 예를 들어 자동차가 멈출 때 바퀴에 생기는 마찰열을 재활용해서 전기를 만들고, 이 전기를 운동 에너지로 사용하는 거지. 그만큼 석유를 덜 쓰겠지? 또한 하이브리드 자동차는 온실가스도 일반 자동차보다 10~15퍼센트 적게 나와. 하지만 일반 자동차에 비해 차 값이 **비싼** 게 흠이지."

"바이오 디젤 자동차는? 바이오 연료를 쓰면 오염이 적잖아?"

"바이오 디젤 자동차도 석유와 바이오 연료를 같이 사용해. 하지만 일반 자동차에 비해서 오염 물질을 20퍼센트 이상 덜 내보내지. 또한 기존에 쓰던 자동차를 고치지 않고 연료만 바꿔서 그대로 쓸 수 있기 때문에 바이오 디젤 자동차를 타는 사람들이 점점 **늘어나고** 있어."

"친환경 자동차라 해도 아직까진 석유를 같이 사용하네. 아쉽다."

"수소 자동차는 달라. 수소와 산소를 반응시키면 물이 되는데, 이 과정에서 전기를 얻는 거지. 수소는 연소할 때 석유보다 **훨씬** 많은 에너지가 나와. 일반 자동차가 연료 1L(리터)로 달릴 수 있는 거리가 6~17km인데, 수소 1kg으로 달릴 수 있는 거리는 약

일반 자동차 →

웩, 자동차 매연이 너무 지독해!

매연 때문에 숨쉬기가 힘들어!

"100km야. 게다가 오염 물질도 거의 내보내지 않아."

"우아, 그럼 수소 자동차를 많이 타면 좋겠다. 그런데 연두야, 화석 연료처럼 수소와 산소가 없어지면 어떡해?"

호두가 걱정하자 연두가 빙그레 웃었어요.

"걱정 마. 물을 분해하면 수소와 산소가 만들어지기 때문에 물이 없어지지 않는 한 수소가 없어질 일은 없어."

호두는 그제야 안심이 되었어요. 호두는 사람들이 친환경 자동차를 만들며 환경을 보호하려고 노력하고 있다는 것을 알았어요. 환경 보호를 위하여 친환경 자동차를 개발하는 것만큼, 대중교통을 이용하고 가까운 거리는 걸어가거나 자전거를 타고 다니는 것도 중요하다고 생각했어요.

STEAM 쏙
교과 쏙

 열섬 현상은 무엇일까?

 열섬 현상이란 도시 중심부의 기온이 주변 기온보다 높게 나타나는 현상을 말한다. 고층 건물은 햇빛을 많이 흡수한 다음 밖으로 다시 뿜어내 도시의 온도를 높이고 있다. 고층 건물의 표면적은 1층 건물의 표면적보다 몇 배에서 수십 배 넓어서 태양열을 품는 양이 일반 건물보다 훨씬 많다.

 태양광 발전의 장점과 단점은 무엇일까?

| 장점 | 단점 |
|---|---|
| • 태양이 있는 한 언제까지나 쓸 수 있다.<br>• 화석 연료나 원자력처럼 오염 물질이 나오지 않고 찌꺼기가 남지 않는다.<br>• 연료비가 들지 않고, 쉽게 망가지지 않는다. | • 해가 나지 않는 날이나 해가 지는 밤, 해가 짧은 계절에는 발전이 어렵다.<br>• 태양광 발전 시스템을 설치하는 비용이 많이 든다.<br>• 넓은 지역에만 설치할 수 있다. |

**Q** 풍력 발전은 어떤 원리일까?

 **A** 풍력 발전이란 바람의 힘으로 전기를 만드는 것을 말한다. 풍력 발전은 바람의 운동 에너지를 터빈의 운동 에너지로 바꾸고, 발전기를 이용해서 터빈의 운동 에너지를 다시 전기 에너지로 바꾸는 원리이다.

 **Q** 재생 가능 에너지는 무엇이 있을까?

 **A** 재생 가능 에너지는 태양 에너지, 풍력 에너지, 지열 에너지, 소수력 에너지, 조력 에너지, 바이오 매스 에너지, 수소 에너지 등이 있다. 태양 에너지는 태양의 빛과 열에너지를 말하며, 풍력 에너지는 바람의 힘에서 얻는 에너지, 지열 에너지는 땅속의 뜨거운 열에서 얻는 에너지를 말한다. 소수력 에너지는 작은 하천이나 저수지의 물에서 얻는 힘, 조력 에너지는 밀물과 썰물에 의해 바닷물이 가지는 힘, 바이오 매스 에너지는 생물을 이용해서 얻는 에너지, 수소 에너지는 수소를 연소시켜 얻는 에너지이다.

바이오 매스 에너지    태양 에너지    소수력 에너지

조력 에너지    지열 에너지    풍력 에너지

# 4장

세계의
친환경 마을과 도시

# 내가 쓸 에너지를 내 손으로

호두는 문득 전기를 만드는 발전소가 어디에 있는지 궁금해 연두에게 물었어요. 그러자 연두가 **한숨을 푹** 쉬며 말했어요.

"화력 발전소는 충청남도에, 원자력 발전소는 울진, 당진이 포함된 경상북도나 전라남도에 모여 있어."

"서울이나 경기, 인천에는 발전소가 없어?"

"응. 수도권에서 생산하는 전기는 1퍼센트도 채 되지 않아."

호두는 99퍼센트가 넘는 전기를 수도권이 아닌 지역에서 만든다는 말에 **깜짝** 놀랐어요.

"수도권은 전기를 거의 만들지 않으면서 다른 지역에서 만든 전기를 엄청나게 많이 가져다 쓰는 셈이야. 2012년을 기준으로 볼 때, 수도권의 전기 사용량은 우리나라 전체의 40퍼센트를 차지했어."

수도권은 전기를 만들지 않으면서 많이 쓴다니, 호두는 조금 **이상하게** 느껴졌어요. 연두가 이를 눈치채고 말했어요.

"우리나라는 에너지를 생산하는 지역과 사용하는 지역이 다르다 보

수도권 지역에서 사용하는 전기는
대부분 다른 지역에서 만들어진다.

니 사람들은 전기 에너지를 아껴 써야 한다는 생각을 별로 하지 못해. 사람들은 돈만 내면 전기 에너지를 불편 없이 쓸 수 있으니까."

호두는 연두가 꼭 자기 이야기를 하는 것 같아 고개가 **숙여졌어요.**

"문제는 그것만이 아니야. 에너지 사용량이 계속 늘어나면서 화석 연료나 원자력을 사용하는 발전소도 많아졌어. 발전소가 많아질수록 환경은 파괴돼. 그래서 최근 세계 각국은 에너지를 사용하는 태도를 바꿔야 한다고 생각하게 됐어. 그리고……"

연두가 뜸을 들이자 호두는 무슨 이야기를 할지 무척 궁금했어요.

"세계적인 생태학자이자 환경 운동가인 프란츠 알트는 이런 말을 했어. '에너지 생산과 소비를 일치시키면 나쁜 일이 생길 틈이 없습니다. 제 입에 독을 넣는 바보는 없기 때문입니다.'라고 말이야. 에너지 생산자와 에너지 소비자가 같으면, 사람들은 에너지를 만들고 사용할 때 자신이 사는 마을의 환경을 생각할 거라는 뜻이야. 너도 한번 상상해 봐. 만약 네가 쓰는 에너지를 네가 사는 마을에서 만들어야 한다면 어떨까?"

호두는 과학 시간에 만들었던 자전거 발전기가 생각났어요. 자전거 발전기는 자전거 페달을 밟아 돌리면 전기가 생산되는 기구예요. 자전거 페달을 쉬지 않고 끙끙 밟느라 호두와 친구들은 병이 날 뻔 했어요.

"에너지를 만드는 게 힘들다는 걸 아니까 전기를 아껴 쓰려고 할 거야. 또 환경을 보호하기 위해 재생 가능 에너지를 만들려고 할 거야. 하지만 그게 쉬운 일은 아닐 것 같아. 그게 가능해?"

호두는 자신이 쓸 에너지는 자기가 사는 마을에서 만드는 건 어려운 일일 것 같아 말끝을 흐렸어요. 연두가 웃으며 말했어요.

"그럼. 이미 세계 곳곳에는 자기 마을에서 필요한 에너지를 마을 사람들이 직접 만들어서 사용하는 마을이 여럿 있어. 이런 마을을 '에너지 자립 마을'이라고 해. 이제부터 그 마을들에 가 보자."

> 쓸 사람이 에너지를 직접 만드니까 당연히 친환경적으로 만들 수밖에 없어.

에너지 자립 마을들은 마을의 환경을 생각해 친환경 방법으로 에너지를 만들어 낸다.

# 환경 도시 쿠리치바에서 배운다

와, 맑은 도시 쿠리치바다!

브라질

쿠리치바

세계적인 환경 생태 도시 쿠리치바는 나무와 풀이 많다.

호두는 에너지 자립 마을을 찾아가는 여행에 마음이 들떴어요. 첫 번째로 도착한 곳은 브라질 남부에 있는 '쿠리치바'라는 도시였어요. 아닌 게 아니라 쿠리치바는 공기도 깨끗하고 나무도 많았어요.

"쿠리치바는 '지구에서 환경적으로 가장 올바르게 사는 도시'라고 불려."

"우아, 정말 그런 것 같아."

호두가 **숨을 크게** 쉬어 맑은 공기를 들이마시며 말했어요.

"하지만 쿠리치바가 원래부터 친환경 도시였던 것은 아니야. 쿠리치바는 1950년대부터 인구가 갑자기 많이 늘어나고, 사람들이 무분별하게 에너지를 사용하면서 환경오염이 매우 심해졌어."

"정말? 그럼 언제부터 이렇게 나무가 많고 공기도 깨끗하게 된 거야?"

버스를 길이가 길고 중간 부분이 쉽게 휘어지도록 만들었어.

"변화는 1971년에 시작됐어. 당시 쿠리치바의 시장은 매연을 뿜는 자동차 교통량을 줄이기 위해 편리하고 값싼 대중교통 체계를 만들고, 친환경 도시로 바꾸기 위해 도시 곳곳에 **공원**을 만들었어."

연두가 호두의 손을 잡고 버스 정류장 쪽으로 걸어갔어요.

"쿠리치바에는 지하철이 없어. 대신 버스만 달리도록 만든 도로에 '간선 급행 버스'라는 급행 2단 굴절 버스가 다녀. 이 버스는 매일 130만 명 정도를 실어 나른다고 해. 요금도 싸고 어디서나 버스를 **쉽게** 갈아탈 수 있어 편리해. 그리고 석유 대신 바이오 연료를 버스 연료로 사용해서 매연이 많이 나오지 않아. 그래서 쿠리치바 사람들은 자가용보다 버스를 더 많이 이용한대. 그러니 교통이 혼잡하지 않고 대기 오염도 심하지 않지."

버스 정류장이 원통 모양이네. 독특하다!

한 번에 270명까지 탈 수 있어.

호두가 주위를 둘러보니 자전거 타는 사람들이 곳곳에 있었어요.

"쿠리치바는 **자전거 도로**도 잘 만들어져 있어. 쿠리치바의 자전거 도로는 두 가지 종류가 있는데, 하나는 교통수단을 목적으로 하는 도로로, 시민들이 회사나 학교를 오갈 때 이용해. 또 다른 하나는 자전거를 즐겨 타는 시민을 위한 도로로, 쿠리치바의 모든 공원을 연결하고 있지."

"도시 전체가 나무가 많은 공원 같아. 자전거 타고 돌아다니면 정말 기분이 좋아질 것 같아."

"쿠리치바는 녹색 도시로 알려질 만큼 도시에 **나무와** 풀이 많아. 나무나 풀을 심은 곳을 '녹지'라고 하는데, 2011년 쿠리치바 시민 1인당 녹지 면적은 54m²야. 이것은 1971년보다는 100배나 증가한 거래."

호두는 서울도 쿠리치바처럼 녹지가 많으면 더욱 살기 좋을 것 같다는 생각이 들었어요.

"쿠리치바는 쓰레기를 관리하는 방법도 아주 특별해. 대표적으로 재활용 쓰레기를 가져가면 과일이나 채소 같은 농산물로 바꾸어 주는 '녹색 교환' 프로그램이 있어. 사람들이 더 많은 농산물을 받기 위해 자기 집의 쓰레기뿐만 아니라 주변의 쓰레기까지 가지고 와 바꾸려고 하지."

", 그거 정말 좋은 방법이다. 그럼 사람들이 재활용 쓰레기를 꼭 분리해서 가져와서 농산물로 바꿀 거 아냐?"

"맞아. 쓰레기 정책 중에서 어린이를 위한 특별한 프로그램도 있어. 이름하여 '어린이를 위한 쓰레기 교환'이야. 학생들이 학교에 빈 병이나 폐지 등 재활용품을 가져오면 학용품, 인형, 초콜릿 같은 간식으로 바꾸어 줘."

호두는 **부러웠어요.** 우리나라에도 그런 프로그램이 있다면 당장 실천하고 싶었지요.

"쿠리치바는 거창하기보다는 실천하기 쉬운 여러 가지 방법으로 친환경 도시를 만들었어. 쿠리치바 사람들은 이 도시를 자랑스러워한단다."

여기 있다.

못 쓰는 종이를 인형과 학용품으로 바꾸니 정말 좋아!

학용품으로 바꿔 주세요.

# 버릴 게 하나 없는 마을, 무레크

작은 마을 무레크에는 에너지 관련 기업이 3개나 있어.

오스트리아 무레크

녹색 탱크에는 무레크에서 만든 바이오 디젤이 저장되어 있다.

호두와 연두, 무니를 태운 우주선은 어느 마을에 도착했어요.

"여기는 오스트리아의 무레크 마을이야. 무레크는 1989년 이전에는 평범한 시골 마을이었어. 하지만 지금은 세계에서 주목 받는 에너지 자립 마을이지."

"호두야, 내가 또 널 위해 준비했어. 광선을 쏠게. 만화로 보렴."

호두는 에너지를 직접 만들고 다른 도시에 판다는 말에 **깜짝** 놀랐어요.

"무레크에는 주민들이 직접 돈을 모아서 에너지 회사를 만들었어. 바이오 연료로 바이오 디젤을 만드는 회사, 돼지의 오줌똥을 이용해서 전기를 만드는 회사, 난방 회사 등이지. 이 에너지 회사는 우리 돈으로 연간 약 140억~170억 원을 번다고 해. 인구가 겨우 1,700명 정도인데 정말 대단하지?"

호두는 작은 마을이 그렇게 돈을 많이 벌다니 입이 **떡 벌어졌어요.**

# 무레크 마을의 에너지 자립을 향한 시작

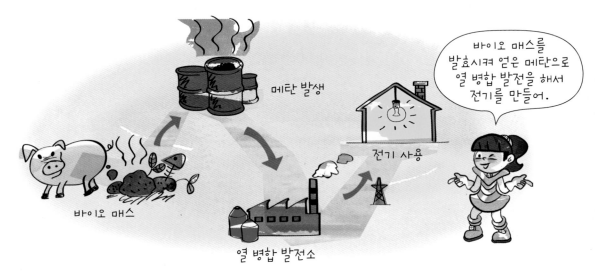

바이오 매스를 발효시켜 얻은 메탄으로 열 병합 발전을 해서 전기를 만들어.

메탄 발생

전기 사용

바이오 매스

열 병합 발전소

무레크는 바이오 매스를 이용해 전기를 생산한다.

"무레크 주민들은 농사 지은 유채와 폐식용유를 이용해서 바이오 디젤을 만들어서 자동차, 트랙터 같은 농기계의 연료로 사용해. 바이오 디젤을 이용하니 그만큼 환경이 덜 오염되겠지?"

"우아! 대단해."

호두는 감탄하자 연두가 웃었어요.

"무레크에서는 돼지의 오줌똥, 추수하고 남은 짚, 유채 찌꺼기 등이 중요한 바이오 매스 에너지야. 바이오 매스로 만든 전기는 무레크 주민들이 1년 동안 사용하고도 남아서 오스트리아 전력 공사에 전기를 팔고 있지."

연두는 무레크가 난방도 스스로 해결하고 있다는 얘기를 들려줬어요.

"무레크의 난방 회사에서는 마을 근처의 숲에 있는 쓸모없는 나무와 가까운 포장 회사에서 버리는 목재를 가져와 태워서 물을 데워. 그리고 이 물을 마을 전체에 설치한 파이프를 통해 각 가정과 공공시설에 공급해. 마을 주민의 90퍼센트 정도가 이 물로 난방을 해결하고 있어."

한참 걷다 보니 무레크에서 가장 큰 건물 중의 하나인 열 병합 발전소에 도착했어요.

"무레크의 바이오 매스 자원은 버려지지 않고 순환돼. 바이오 디젤을 만들고 남은 찌꺼기를 돼지에게 주면, 돼지가 이것을 먹고 똥을 누고, 이 똥을 발효시켜서 메탄을 만들고, 메탄으로는 열 병합 발전을 해서 전기를 만들지. 또 찌꺼기의 일부를 비료로 만들어서 밭에 **뿌리면** 이 비료가 땅을 기름지게 해서 유채를 더욱 잘 자라게 해 주지."

"버리는 게 하나도 없네?"

"응. 그래서 무레크에는 해마다 전 세계에서 수많은 사람들이 찾아와 에너지 자립 방법을 배우고 있지."

호두는 무레크 사람들에게 정말 배울 것이 많다는 생각이 들었어요.

오스트리아 무레크에서 만든 바이오 디젤은 인근 도시 그라츠에 팔린다. 이것은 버스 연료로 쓰이고 있다.

유채가 정말 잘 자라고 있네.

우리는 연료가 남아서 팔아. 대단하지?

# 재생 가능 에너지의 나라, 독일

독일에는 에너지 자립 마을이 세 곳이나 있어.

독일

독일은 곳곳에 풍력 발전기를 세워 전기를 만들어 내고 있다.

"자, 이번엔 재생 가능 에너지의 나라, 독일로 가 보자."

호두는 연두와 함께 우주선에 올라 독일로 출발했어요.

"독일이 쓰는 전기 중 약 20퍼센트가 재생 가능 에너지로 만든 거야. 우리나라가 겨우 1.3퍼센트만이 재생 가능 에너지로 만든 전기인 것에 비하면 어마어마하지."

연두는 독일이 2000년부터 정부가 재생 에너지로 전기를 만드는 것을 지원했다고 했어요. 덕분에 독일 사람들은 재생 가능 에너지에 대해 관심을 갖게 됐고, 재생 가능 에너지 산업이 빠르게 성장했다고 했어요.

"독일에 있는 에너지 자립 마을에서는 특히 다르데스하임이 유명해. 창밖을 봐. 여기가 다르데스하임이야. 저기 풍력 발전기 보이지? 다르데스하임은 풍력 발전으로 마을 주민 1,000명이 사용하는 전기의 45배에 해당하는 전기를 만들고 있어."

호두는 45배란 말에 또 입이 **떡** 벌어졌어요.

"뭐라고? 45배? 정말 어마어마해. 그럼 다르데스하임 주민들도 무레크처럼 전기를 다른 곳에 팔아서 돈을 버는 거야?"

"응. 다르데스하임에서 만든 전기는 가까운 마을 주민 8~9만 명에게 공급되고 있어. 그리고 다르데스하임은 태양광 발전기를 이용해서 전기도 만들어. 만든 전기는 양이 **꽤 많아서** 마을에서 쓰는 전체 전기의 3분의 1을 충당할 정도야. 또 이 마을 주민들은 공동으로 유채 농사를 지어서 유채로 바이오 연료를 만들고 있단다."

호두를 태운 우주선은 독일 하늘 위를 계속 날았어요.

"여기는 모바크야. 모바크 역시 작은 마을이야. 모바크는 처음에 재생 가능 에너지나 에너지 자립에 관심이 없었대. 그런데 1996년에 오랫동안 미군이 머무르던 땅을 모바크 주민들에게 돌려주자, 모바크 주민들은 이 땅에 무엇을 할지 고민했대."

"그래서?"

"마을에서 직접 에너지를 만들기로 했어. 그래서 태양광 발전기와 풍력 발전기를 설치하고 바이오 가스를 만드는 시설을 세웠지."

호두는 모바크 마을 사람들이 아주 **똑똑한** 선택을 했다고 생각했어요.

유채를 잘 키워 바이오 연료를 만들어야지.

유채

"이후 모바크는 마을에서 쓰는 에너지를 모두 마을에서 만드는 에너지 자립 마을이 되었어. 그뿐만 아니라 쓰고 남은 전기를 팔아서 많은 돈을 벌고 있어."

호두는 에너지 자립 마을들이 공통적으로 전기를 팔아 돈을 벌고 있다는 걸 **깨달았어요.** 그리고 우리나라가 에너지를 수입하는 데 많은 돈을 쓰고 있다는 것을 떠올렸지요.

"독일에는 에너지 자립 마을이 많지만 딱 한 군데만 둘러보고 가자. 아, 저기 태양광 패널 지붕이 많은 마을 보이지? **어서 내리자.**"

호두는 도시의 지붕에 거의 모두 태양광 패널이 설치된 데 놀라며 연두를 따라 우주선에서 내렸어요.

"여기는 독일의 프라이부르크야. '독일의 환경 수도'라고 불리는 소규모 도시이지. 프라이부르크는 곳곳에 태양광 발전 시설을 설치했고, 시민들은

프라이부르크는 1인당 태양광을 이용해 전기를 만드는 발전 장치의 수가 독일에서 가장 많다.

자동차 대신 전차나 자전거를 주로 이용하고 있어. 프라이부르크는 인구 1,000명당 자가용을 가진 비율이 독일에서 가장 낮다고 해."

그때 호두가 아주 **독특한** 건물을 발견하고 소리쳤어요.

"어! 저기 저 건물 좀 봐. 건물이 돌아가!"

"저것은 헬리오트롭이야. 프라이부르크의 대표적인 친환경 건물이지. 헬리오트롭이라는 말은 태양을 좇는다는 뜻인데, 이름처럼 태양의 움직임에 따라 건물이 돌아가지. 건물 옥상에는 태양광 전지판이 있는데, 건물에서 사용하는 전기의 5~6배를 만들어 내. 또 창문을 3겹의 유리로 만들어서 계절에 따라 효과적으로 열을 차단하거나 흡수해."

호두는 **신기한** 듯 오래도록 건물을 바라보았어요. 무니는 그런 호두를 오히려 신기하게 바라보며 고개를 갸우뚱했어요.

# 우리나라의 에너지 자립 마을

우리나라에도 에너지 자립 마을이 있을까? 다른 나라의 에너지 자립 마을을 돌아보고 나니, 호두는 우리나라가 궁금해졌어요. 그때 연두가 다시 호두의 손을 잡고 우주선에 올라탔어요.

"자, 이제 우리나라의 에너지 자립 마을을 살펴보러 가자!"

호두는 깜짝 놀라 연두를 바라보았어요. 순식간에 우주선은 우리나라로 돌아와 있었어요.

"여기는 경상남도 통영에서 배를 타고 10분 정도 가면 도착하는 작은 섬인 연대도야. 주민 80여 명이 살고 있지."

호두가 언뜻 살펴봐도 연대도는 조용한 섬이었어요.

"2000년대에 통영이 급격히 개발되면서 통영에 있는 섬들이 훼손되었어. 이것을 안타까워하던 통영시와 푸른통영21추진협의회라는 시민 단체는 섬의 자연을 보호하면서 주민들이 에너지를 넉넉히 사용할 수 있는 방법을 찾기 시작했어. 그리고 연대도를 '화석 에너지 제로(zero, 0) 섬', '에코 아일랜드(생태 섬)'로 만들자는 계획을 세웠지. 2007년부터 시작된 연대도의 생태 섬 만들기 계획은 꽤 효과를 거두었어."

호두가 둘러보니 섬 여기저기에 태양광 발전 패널이 있었어요.

"섬 곳곳에 있는 태양광 발전소에서 만든 전기를 주민 모두가 사용하고 있어. 그래서 전국 최초로 화석 연료를 사용하지 않는 섬이 되었지. 연대도 주민들은 마을 회관과 경로당 등을 화석 연료를 쓰지 않고 자연 에너지로 냉난방을 하는 '패시브 하우스'로 지었어."

연대 에코아일랜드 체험센터는 학생이 없어 문을 닫은 초등학교를 고쳐서 만들었다.

"패시브 하우스가 뭐야?"

호두가 묻자 무니가 **잘난 척하며** 끼어들었어요.

"패시브 하우스는 집 안의 열이 밖으로 빠져나가지 않게 막아 화석 연료를 쓰지 않고 실내 온도를 일정하게 유지하도록 만든 집이야."

"무니야, 잘 설명했어. 그리고 연대도에는 '연대 에코아일랜드 체험센터'가 있어. 이곳에서는 관광객을 대상으로 다양한 환경 체험 프로그램을 진행하고 있지. 또……."

"또, 또 있다고? 생태 섬을 만들기 위해 주민들이 정말 노력하고 있구나."

"응. 섬 곳곳에 나무를 심고, 바람과 파도의 힘을 이용해서 전기를 만들려는 계획도 세우고 있어. 또 아직 적은 양이지만 유채로 바이오 연료를 만들려고도 하고 있지."

호두는 **아름다운** 자연을 지키려는 사람들이 아름답게 느껴졌어요.

"자, 이번에 가 볼 곳은 전라북도 부안군에 있는 등용 마을이야. 부안은 2003년에 원자력 발전소에서 나오는 찌꺼기인 핵폐기물을 처리하는 시설을 만드는 곳으로 지정되었어. 주민들은 이 핵 폐기장 건설을 **거세게** 반대했지. 핵 폐기장이 환경을 파괴할 걸 걱정했기 때문이었어. 사람들은 반대 운동을 하면서 에너지에 대해 고민했고, 그 결과 마을에서 직접 에너지를 만들어 쓰자는 계획을 세웠어."

"우아, 환경이 파괴될 뻔한 위기가 오히려 환경을 살리는 기회가 됐네?"
연두가 고개를 끄덕였어요.

"주민들은 직접 돈을 모아 시민 발전소를 세웠어. 부안 시민 발전소는 태양광을 이용해 전기를 만드는 발전소야. 2005년 1호기가 전기를 만들기 시작한 이후 2012년에는 태양광 발전기에서 연간 53,570kWh의 전기를 만들어

내고 있어. 마을에서 사용하는 전기의 약 60퍼센트에 해당해."

호두는 부안의 시민 발전소를 찬찬히 둘러보았어요. 재생 에너지를 이용하기 위해 시민들이 얼마나 땀 흘리며 노력했는지 느껴졌지요.

"자, 가 볼 곳이 또 있어. 이번엔 경상남도 산청군 갈전 마을이야."

"와! 우리나라에도 에너지 자립 마을이 이렇게 여럿 있었다고?"

호두가 **기뻐하는** 모습에 연두는 미소를 지었어요.

"이 마을에서는 태양, 바람, 바이오 매스 같은 재생 가능 에너지를 이용해 필요한 에너지를 직접 만들고 있어. 그리고 건물을 지을 때 겨울에는 태양열을 흡수해 내부를 따뜻하게 하고, 여름에는 계곡물을 이용해 시원하게 하는 방식으로 지었어. 또 태양열 조리기를 이용해 밥을 짓기도 하지."

"우아. 태양열을 정말 제대로 이용하고 있네."

"응. 태양열 조리기를 만들려고 독일에서 전문가를 불러오기까지 했어."

"그런데 여기는 어디야?"

사람들의 **웃음소리**가 흘러나오는 건물을 보고 호두가 물었어요.

"여기는 대안기술센터야. 갈전 마을의 대안기술센터는 10여 년 전부터 마을의 경험을 세계 여러 나라 사람들에게 알려 주고 있어. 해마다 많은 사람들이 친환경 건축과 재생 가능 에너지 교육을 받기 위해 이곳에 오고 있어."

"다른 나라에서 우리나라 마을의 경험을 배우러 온다고?"

"그래. 갈전 마을 사람들은 캄보디아처럼 전기 사정이 좋지 않은 나라에 가서 에너지 자립을 하는 방법을 가르쳐 주기도 했어."

호두는 에너지 자립 마을의 사람들은 한결같이 자신의 경험을 다른 사람들과 나누려 한다는 것을 깨달았어요.

"재생 가능 에너지를 사용하는 것은 그리 어려운 일은 아니구나."

호두는 에너지 자립 마을을 방문하고 나니 자신감이 **불끈** 생겼어요. 또 에너지 자립이 마을의 경제에 도움이 된다는 것도 알았어요.

"마지막으로 갈 곳은 서울에 있는 성미산마을이야."

"서울에 에너지 자립 마을이 있다고?"

호두가 깜짝 놀라 되물었어요.

"응. '성미산마을'은 마을 이름이 아니라 마포구에 있는 6개 동에 사는 주민들이 만든 공동체 이름이야. 공동으로 아이를 돌보기 위해 만들었대."

호두가 성미산마을이 어떻게 해서 에너지 자립 마을이 됐는지 물어보려던 찰나 연두가 우주선을 **출발시켰어요.** 연두가 우주선을 조정하

자 무니가 오랜만에 입을 열었어요.

"2001년에 서울시에서 성미산에 배수지를 만들려고 하면서 산이 사라질 위기에 처한 적이 있어. 이때 주민들은 서울시의 정책에 반대해 성미산 지키기 운동을 했고, 결국 성미산을 **지켜 냈어**."

호두는 성미산마을이 에너지 자립 마을이 된 과정이 어쩐지 부안과 닮은 것처럼 느껴졌어요.

"에너지 자립 운동은 사람들이 자연환경이 파괴되는 걸 막기 위해 스스로 나서면서 시작되네."

"맞아. 성미산마을 주민들은 자연과 생태의 중요성을 깨닫고 여러 가지 활동을 벌이기 시작했어."

"어떤 활동?"

"2005년부터 이산화탄소의 발생량을 줄이는 '저탄소 마을' 만들기 프로젝트를 실천하고 있어. 이 프로젝트는 학교 학생들이 학교와 마을의 전기 사용량을 점검하고 낭비되는 전기를 찾아내서 전기 사용량을 줄이는 방법을 제안하면서 시작되었지."

전기 사용량을 줄이는 방법을 학생들이 제안했다는 말에 호두는 정신이 **번쩍** 들었어요. 에너지 절약 방법을 찾는 데는 나이가 상관없다는 것을 깨달았어요. 호두도 스스로 에너지를 절약할 방법을 찾고 싶어졌지요.

"지금 성미산마을에는 태양광을 이용한 가로등과 자전거 발전기가 설치되어 있어. 또 학교에서는 해마다 공터에 텃밭을 만들어 가꾸고 있대."

호두는 성미산마을의 얘기를 들으며 일상의 작은 실천이 큰 변화를 낳는다는 사실을 **깨달았어요.**

# 에너지 절약은 어렵지 않아

"호두야, 이제 에너지 자립 마을을 다 둘러봤어. 기분이 어때?"

연두는 웃으며 물었지만, 호두는 이상하게도 마음이 무거워 어떤 말을 해야 할지 생각나지 않았어요. 그때 무니가 **톡 쏘아붙였어요.**

"주인님, 호두가 그동안 에너지 낭비한 걸 이제야 반성하나 봐요."

무니가 말싸움을 거는데 어쩐지 호두는 잠자코 있었어요.

"나 솔직히 반성 많이 했어. 내가 에너지를 막 쓴 건 사실이니까."

호두의 목소리가 점점 작아지자, 연두가 호두 곁으로 가까이 다가섰어요.

"이제부터 에너지를 아껴 쓰면 되지."

"그리고 내가 에너지 절약을 위해 할 수 있는 건 평범하고 작은 일밖에

낮은 층 걸어 올라가기

작은 일부터 에너지 절약을 시작해야지.

빈 방 전등 끄기

가까운 곳 자전거 타고 가기

물 받아 쓰기

없는 것 같아. 직접 에너지를 만들 수도 없고, 성미산마을 학생들처럼 에너지를 절약할 새로운 방법이 떠오르지도 않고."

호두가 심각한 표정으로 말하는데, 연두가 하하 웃었어요.

"호두야. 에너지 절약을 위해 꼭 에너지를 만들고, 새로운 방법을 떠올려야 하는 건 아니야. 일상의 **작은 실천**이 큰 변화를 낳는 법이야."

"작은 실천?"

"응. 네가 빈 방의 전등을 끄는 것만으로, 양치할 때 물을 컵에 담아 쓰는 것만으로, 가까운 층은 엘리베이터를 타지 않고 걸어 올라가는 것만으로도 에너지 절약이 돼. 그러니 잘 찾아보면 생각보다 네가 할 수 있는 일이 많을 거야."

## 놀면서 물을 끌어 올린다고?

남아프리카공화국 모카라케 마을의 한 초등학교에는 아이들이 놀 때 생기는 에너지를 이용해 물을 끌어 올리는 펌프가 있다. 그것은 바로 '플레이 펌프'라는 것이다.

아이들이 놀이 기구를 타고 빙빙 돌면 그때 생기는 운동 에너지가 펌프를 작동시켜 땅속에 있는 깨끗한 지하수를 위로 끌어 올려 물탱크에 저장한다. 그래서 수도꼭지를 틀면 물탱크의 물을 마실 수 있다.

플레이 펌프  
물탱크

호두는 다시 우주선에 올랐어요. 호두는 우주와 지구의 여러 곳을 왔다 갔다 하는 여행을 하며 연두와 무니에게 정이 들었어요. 여행하는 동안 계속 투덕거렸던 무니도 이제 웬지 **귀엽게** 보였어요. 호두는 문득 연두가 사는 미래가 궁금했어요.

"연두야. 미래는 어떤 모습이야? 미래도 에너지 부족을 겪고 있어?"

"미래는 지금보다 친환경 기술이 발달했어. 하지만 우리의 환경은……."

연두가 말끝을 흐리며 호두를 한참 동안 **뚫어져라** 바라보았어요.

"우리의 미래는 너에게 달려 있어. 네가 에너지 절약을 잘하면, 우리의 미래는 밝고, 만약 그렇지 못하면……."

연두가 말을 마치기도 전에 호두가 얼른 대답했어요.

"내가 꼭 **실천할게.** 깨끗한 에너지의 미래를 위해서. 또 지구를 위해서."

"호두야, 정말이지?"

"그럼! 꼭 그럴게."

호두가 에너지 절약을 다짐하자, 무니가 호두에게 다가와 얼굴을 부볐어요. 호두도 무니를 쓰다듬었어요. 그때 우주선이 호두의 집에 도착했어요.

에너지를 절약할 거야!

# 에너지 절약 점검표

이 책을 읽은 여러분과 가족들은 에너지를 절약하기 위해 어떤 노력을 하는지 ○, ×를 표시해 점검해 보세요.

| | 점검할 내용 | O | X |
|---|---|---|---|
| 1 | 집 안의 콘센트가 스위치가 달린 절전형 콘센트이다. | | |
| 2 | 집 안의 전자 제품이 전기를 절약하는 1등급 제품이다. | | |
| 3 | 여름에는 에어컨을 거의 사용하지 않는다. | | |
| 4 | 겨울에는 내복을 입는다. | | |
| 5 | 에너지 절약형 전등을 사용하고 있다. | | |
| 6 | 사용하지 않는 방의 전등을 끈다. | | |
| 7 | 설거지, 세수, 양치질을 할 때 수돗물을 틀어 놓지 않고 필요한 만큼 물을 받아서 사용한다. | | |
| 8 | 컴퓨터 '제어판'에 있는 절전 기능을 모니터, 하드 디스크, 시스템 모두 선택하여 사용하고 있다. | | |
| 9 | 높지 않은 층(3층 이하)은 걸어서 올라간다. | | |
| 10 | 가까운 거리(버스로 두 정거장)는 걷거나 자전거를 탄다. | | |
| 11 | 먼 거리를 갈 때는 주로 대중교통을 이용한다. | | |
| 12 | 일회용품 사용량을 줄이려고 노력한다. | | |
| 13 | 종이 사용량을 줄이려고 노력한다. | | |
| 14 | 분리수거 규칙에 대해 잘 알고 있다. | | |
| 15 | 고지서나 영수증은 이메일 등 온라인으로 받고 있다. | | |

12개 이상을 지키고 있다면 에너지 절약을 아주 잘하고 있는 거야.

# 에너지 절약 대왕이 될 거야

집으로 돌아온 호두는 거실 전등이 켜져 있는 것을 보았어요.

"어, 전기가 들어왔네! 연두야, 전기가 다시 들어왔어!"

호두는 좋아서 크게 소리를 질렀어요.

"얼른 안 쓰는 전기 플러그는 뽑고, 전등도 꺼야겠어."

"오늘 너를 만나러 온 보람이 있는걸. 그럼 우린 이제 돌아가야겠다."

"연두야, 무늬야! 오늘 고마워! 다음에 또 놀러 와."

호두의 말이 끝나자 연두와 무늬의 모습이 점점 희미해지더니, 곧 사라졌어요. 호두는 피곤이 밀려와 소파에 털썩 주저앉았어요.

"호두야, 그만 일어나."

엄마가 말하는 소리에 호두는 감았던 **눈을 떴어요.**

"꿈꾸었니? 잠꼬대를 요란하게 하더구나."

'꿈? 그게 꿈이라고?'

호두가 주변을 둘러보았지만 변한 것은 없었어요. 호두는 갑자기 벌떡 일어나 텔레비전과 컴퓨터의 전원을 껐어요. 에어컨도 껐지요.

"우리 호두가 웬일일까? 갑자기 에너지 절약 대왕이 되었네. 꿈속에서 무슨 일 있었니?"

호두는 대답 대신 고개를 크게 끄덕이며 마음속으로 생각했어요.

'꿈이어도 괜찮아. 무엇이 중요한지 알았으니까. 연두와 무니, 너희들이 가르쳐 준 것을 절대 잊지 않을게.'

## Q | 쿠리치바는 어떻게 친환경 도시가 됐을까?

A | 브라질의 쿠리치바는 1950년대부터 갑자기 늘어난 인구와 사람들의 무분별한 에너지 사용으로 환경 오염이 매우 심해졌다. 그래서 1971년 쿠리치바 시장은 도시의 교통량을 줄이기 위해 편리하고 값싼 대중교통 체계를 만들고 도시 곳곳에 공원을 만드는 등의 노력을 하게 된 것이다.

## Q | 무레크 마을은 어떻게 전기를 생산할까?

A | 무레크는 오스트리아의 작은 농촌 마을이다. 주민들이 마을에서 쓰는 에너지를 모두 직접 만들고, 만들어 낸 에너지가 남아 다른 도시에 팔기도 하는 세계에서 주목 받는 에너지 자립 마을이다. 무레크에서는 돼지의 오줌똥, 짚, 유채찌꺼기 등을 발효시켜 메탄을 만들고, 이 메탄으로 열 병합 발전을 해서 전기를 만든다.

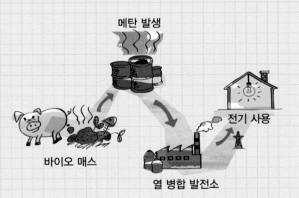

메탄 발생

전기 사용

바이오 매스

열 병합 발전소

**Q** | 독일은 재생 가능 에너지를 어떻게 이용할까?

 **A** | 국제에너지기구의 발표에 따르면 2011년에 독일에서 만들어 낸 전체 전기 중에서 18.7퍼센트가 재생 가능 에너지를 이용해서 만들었다. 에너지 전문가들은 독일의 재생 가능 에너지 산업이 빠르게 성장한 이유가 2000년에 만들어진 재생 에너지법 중 '발전차액지원 제도'때문이라고 한다. 이 제도는 전력 회사가 재생 가능 에너지로 만든 전기를 화석 연료로 만든 전기보다 더 비싼 값에 사들이고 차이가 나는 금액을 정부가 돌려준다.

**Q** | 우리나라의 친환경 마을은 어디일까?

 **A** | 경상남도 연대도, 전라북도 부안군 등용 마을, 경상남도 산청군 갈전 마을, 서울시 마포구 성미산마을이 에너지 자립을 실천하고 있다.

연대도에서는 태양광 발전소를 세워 전기를 만들고, 등용 마을에서는 시민 발전소를 세워 전기를 만들어 사용한다. 갈전 마을에서는 재생 가능 에너지를 이용해 필요한 에너지를 만들고, 성미산마을은 저탄소 마을 만들기 프로젝트 활동을 통해 친환경 마을로 거듭났다.

# 핵심 용어

**광합성**
녹색 식물이 뿌리에서 흡수한 물과 공기 중의 이산화탄소, 햇빛을 이용하여 녹말(포도당)과 같은 영양분을 만드는 일.

**마그마**
화산이 분출하는 땅속 깊은 곳에 지구 내부의 높은 열 때문에 녹아 있는, 액체 상태의 물질.

**바이오 매스**
생물을 뜻하는 바이오와 양을 나타내는 매스를 합친 말로, 에너지 자원으로 이용할 수 있는 생물을 뜻함. 나무, 풀, 열매, 볏짚, 가축의 오줌똥 등이 여기에 속함.

**산업 혁명**
물건을 만드는 데 기계를 사용하기 시작한 산업의 변화. 영국에서 처음 시작됨.

**스모그**
자동차와 공장에서 내뿜는 매연이나 먼지 같은 오염 물질에 공기 중의 수증기가 모여 안개처럼 뿌옇게 된 대기 상태.

**에너지**
일을 할 수 있는 능력.

**에너지 전환**
에너지가 모습을 바꾸는 것.

**열 병합 발전**
연료를 태워 터빈을 통해 전기를 생산하고 이때 나오는 열을 이용하는 발전 방식.

**열섬 현상**
도시 중심부의 기온이 주변 지역보다 높게 나타나는 현상.

**오존층**
땅 위에서 20~30km까지의 공중에 있는, 오존을 많이 포함하고 있는 공기층.

**온실가스**
지구의 대기를 오염시켜 온실 효과를 일으키는 가스. 이산화탄소, 메탄 등이 있음.

**온실 효과**
대기가 지구를 담요처럼 감싸서 지구 표면에서 반사되는 열이 지구 밖으로 빠져나가지 않게 해 주는 현상.

**원유**
땅속에서 뽑아낸 그대로의 석유. 끓는점에 따라 휘발유, 등유, 경유, 가솔린 등으로 분리됨.

**이산화탄소**
생물이 숨을 쉬거나 물질이 탈 때 나오는 가스.

**일률**
단위 시간 동안에 한 일의 양으로, 일의 양을 시간으로 나누어 구함.

**지구 온난화**
지구의 평균 기온이 높아지는 현상.

**친환경 자동차**
에너지를 덜 쓰고 오염 물질이 덜 나오는 자동차. 전기 자동차, 수소 자동차, 바이오 디젤 자동차, 하이브리드 자동차 등이 있음.

**탄소**
생물을 구성하고 있는 기본적인 화학 원소.

**태양광 발전**
태양의 빛 에너지를 이용해서 전기를 만드는 발전 방식.

**태양 전지**
태양광 발전의 핵심으로, 태양의 빛 에너지를 전기로 바꾸는 장치.

**터빈**
물, 가스, 증기 등을 날개바퀴의 날개에 부딪치게 함으로써 회전하는 힘을 얻는 기계.

**패시브 하우스**
집 안의 열이 밖으로 빠져나가지 않게 막아 화석 연료를 사용하지 않고도 실내 온도를 일정하게 유지하도록 만든 집.

**화석 연료**
땅에 파묻힌 동식물이 오랜 시간에 걸쳐 온도와 압력의 변화로 만들어진 연료. 석탄, 석유, 천연가스 등이 있음.